GRUNDSCHULE
Klasse 1–4

Henriette Dausend (Hrsg.)

Digitale Medien im Grundschulunterricht gezielt einsetzen

Spielerisches Lernen mit Apps & Co.

Fertige Stundenentwürfe zu Mathe, Deutsch, Englisch, Sachunterricht, Sport, Kunst und Ethik – so einfach geht's!

Cornelsen

Die Herausgeberin

Dr. Henriette Dausend ist Professorin für Fachdidaktik Englisch an der Technischen Universität Chemnitz. Sie forscht und lehrt zum digitalen und multilingualen Lernen im Englischunterricht.

Die Autorinnen und Autoren

Lisa Anders, Anica Betz, Anett Bonitz, Birgit Brandt, Meike Breuer, Leena Bröll, Henriette Dausend, Isabelle Deyzac, Cornelia Herdler-Hennig, Ronald Herzog, Christian Hulsch, Minkyung Kim, Lars Klewe, Marcel Krippner, Stefanie Kunze, Manuela Lißner, Denis Mußdorf, Ronny Sitter, Annegret Stöcker

(Nähere Angaben zu den Autorinnen und Autoren finden Sie am Ende des Bandes.)

Alle aufgeführten Systeme und Tools stellen nur Beispiele für die Unterrichtsgestaltung dar. Bitte stimmen Sie sich mit Ihrer Schulleitung dazu ab, welche Systeme oder Tools an Ihrer Schule im Rahmen der Unterrichtsgestaltung genutzt werden dürfen.

Projektleitung: Dorothee Weylandt, Berlin/Maren Krüger, Berlin
Redaktion: Birte Meyer, Berlin/Daniela Brunner, Korschenbroich
Illustrationen: Liliane Oser, Hamburg
Umschlagillustrationen und -gestaltung: Corinna Babylon, Berlin
Layout: fotosatz griesheim GmbH, Griesheim
Technische Umsetzung: Compuscript Ireland and Chennai

www.cornelsen.de

3., überarbeitete Auflage 2024

Druck: H. Heenemann, Berlin

ISBN 978-3-589-16943-6

PEFC zertifiziert
Dieses Produkt stammt aus nachhaltig bewirtschafteten Wäldern und kontrollierten Quellen.
www.pefc.de

Inhaltsverzeichnis

Vorwort

Ihre Schülerinnen und Schüler bringen Smartphones und Tablets mit in die Klasse? In den Medien lesen Sie, dass Schulunterricht stärker digitalisiert werden soll? Sie wollen die digitalen Medien in Ihren Unterricht einbauen und fragen sich, wie das gewinnbringend gelingen kann?

Dieser Praxisband möchte Ihnen als Lehrende der Grundschule vielfältige Möglichkeiten aufzeigen, wie Sie digitale Medien in Ihrem Unterricht nutzen können. Dafür brauchen Sie auf diesem Gebiet kein Profi zu sein. Unser **Ziel** ist es, Sie fit im Umgang mit digitalen Medien zu machen. An konkreten Unterrichtsbeispielen zeigen wir Ihnen, zu welchem Zweck und auf welche Weise Sie Ihren Unterricht durch den Einsatz digitaler Endgeräte bereichern können.

Digitale Medien gehören zur **Lebenswelt** Ihrer Schülerinnen und Schüler. Aus ihrer Sicht gibt es keinen Grund, Computer, Smartphones und Tablets aus dem Unterricht fernzuhalten. Vielmehr wird immer häufiger gefordert, Lernende frühzeitig an den bewussten und sinnvollen Einsatz digitaler Endgeräte heranzuführen. Wir erklären Ihnen, wie Sie die Kompetenzen der Schülerinnen und Schüler im Umgang mit den digitalen Medien fördern können, denn die Tatsache, dass Lernende diese Geräte besitzen und nutzen, bedeutet nicht gleichzeitig, dass sie diese auch fachkundig einsetzen.

Unterrichtsbeispiele, detaillierte Abläufe und **Materialien** geben Ihnen Sicherheit im Umgang mit digitalen Medien. Sie erhalten Anregungen für einen ziel- und kompetenzorientierten Einsatz digitaler Medien in den verschiedensten Fächern. Neben den Hauptfächern **Mathematik, Deutsch** und **Sachunterricht** gibt es Vorschläge für **Englisch, Sport, Kunst** und **Ethik.** Je nach Unterrichtsidee werden **PCs, Laptops, Interaktive Whiteboards (IWB), Tablets (T)** und **Smartphones (S)** genutzt. Dabei werden in vielen Unterrichtsentwürfen alternative Medien genannt, sodass die Vorschläge auf die Ausstattung Ihrer Schule angepasst werden können.

Die Entwürfe gehen auf die gängigen **Lehrplanthemen** für die **Klassen 1 bis 4** ein und heben die Unterrichtsziele klar hervor. Es wird erklärt, auf welche Weise Sie fachliche und überfachliche Kompetenzen in den jeweiligen Fächern durch digitale Medien vielfältig und handlungsorientiert fördern können. In knappen und übersichtlichen Tabellen werden die zentralen Unterrichtsschritte aufgelistet. Zusätzliche Informationen zu den einzusetzenden digitalen Medien, zur notwendigen Vorbereitung sowie zu Lerninhalten, Kompetenzen und Zielen des jeweiligen Unterrichtsvorschlags ermöglichen eine unkomplizierte und problemlose Umsetzung. Darüber hinaus wird individuell auf mögliche Schwierigkeiten hingewiesen, um diese von vornherein zu verhindern und den Unterricht für Lehrkräfte und Schülerinnen/Schüler erfolgreich zu gestalten. **Kopiervorlagen und Arbeitsblätter** ergänzen das aufeinander abgestimmte Material.

Meistens sind die Unterrichtsentwürfe für eine bis zwei Klassenstufen konzipiert, lassen sich aber auch auf andere übertragen. Hinweise zur **Differenzierung** zeigen Alternativen auf, wie Sie Ihren Unterricht an die Bedürfnisse unterschiedlicher Lerngruppen anpassen können.

Die vorliegende Materialsammlung bietet Ihnen ein **umfangreiches Einsteigerwissen.** Schulen Sie Ihr eigenes Nutzungsverhalten und das Ihrer Schülerinnen und Schüler. Nutzen Sie die Vorteile der Technik, ohne sich an ihren Tücken aufzureiben! Entwickeln Sie Gelassenheit im Umgang mit digitalen Medien. Akzeptieren Sie, dass der Computer Updates lädt, obwohl Sie gerade ein Video zeigen wollen. Akzeptieren Sie, dass die Internetverbindung kurzzeitig für Wartungsarbeiten unterbrochen wird, obwohl Ihre Schülerinnen und Schüler gerade etwas recherchieren sollen.

Legen Sie die Geräte **vertrauensvoll** in die Hände Ihrer Schülerinnen und Schüler. Sie werden staunen, wie schnell diese sich durch sämtliche Anwendungen klicken. Achten Sie jedoch darauf, dass dies bei aller Lernfreude nicht zum Selbstläufer wird. Geben Sie zu verwendende Apps und Zeiten wie in jeder guten Lernaufgabe vor. Schauen Sie, welche Lernende eine Anleitung benötigen und welche bereits sehr versiert mit den digitalen Medien umgehen.

P.S.: Auf den folgenden Seiten werden diese Abkürzungen verwendet: L = Lehrkraft sowie SuS = Schülerinnen und Schüler.

Förderung überfachlicher Kompetenzen durch den Einsatz digitaler Medien

Digitale Medien können im Unterricht eingesetzt werden, um fachliche Kompetenzen zu fördern und darüber hinaus folgende überfachliche Kompetenzen zu erweitern:

Lernkompetenz (inkl. Medienkompetenz)

- Individuelles Arbeitspensum und -tempo finden sowie Arbeitsprozesse reflektieren und festhalten
- Fragestellungen selbstständig erarbeiten und/oder gemeinsam lösen
- Medien anforderungsbezogen einsetzen
- Digitale Dokumentation von Lern- und Arbeitswegen, angemessene Darstellung von Arbeitsergebnissen und deren Reflexion durch die Präsentation im Klassenverband
- Ergebnisse mit Menschen an unterschiedlichen Orten teilen
- Umgang mit den eigenen Daten reflektieren

Personale Kompetenz

- Eigene Wünsche, Interessen und Lernwege wahrnehmen und mit denen anderer in Gruppenarbeitsphasen vergleichen
- Umgang mit digitalen Medien selbst regulieren und sich angemessen in sozialen Netzwerken darstellen
- Als Experten Arbeitsergebnisse darstellen, besprechen und reflektieren
- Feedback in der Gruppe geben sowie Rückmeldungen von Menschen an anderen Orten erhalten
- Sich außerhalb des Klassenzimmers erleben

Soziale Kompetenz

- Sich online angemessen verhalten und adäquat kommunizieren
- Sich mit Menschen an anderen Orten zielgerichtet verständigen und terminliche und inhaltliche Absprachen einhalten
- Gemeinsam komplexe Inhalte erarbeiten
- Auf andere Rücksicht nehmen, Absprachen treffen und Konflikte angemessen lösen
- Verantwortung abgeben und übernehmen

Kommunikative Kompetenz

- PC: Individuelles Arbeiten an einem festen Ort; Laptop ermöglicht mobiles Arbeiten
- PC: Austausch von Daten (E-Mail, Cloud-Storage, USB-Stick, Schulserver)
- IWB: Sprechen als Reaktion auf Inhalte
- T/S: Mobiles Arbeiten allein, mit einem Partner oder in der Gruppe mit einem oder mehreren Geräten, zwischen denen Daten ausgetauscht werden können (Bluetooth, E-Mail, Cloud-Storage, USB-Stick, Schulserver)
- T/S: Weiterverarbeiten von Dateien in der Gruppe

Kulturelle Kompetenz

- T/S: Außerhalb des Klassenzimmers und unterwegs arbeiten
- PC, IWB, T/S: Kulturelle Aspekte und Fragen recherchieren und aufbereiten
- PC, IWB, T/S: Audio- und Videodateien mit kulturellen Inhalten anhören/-sehen und erstellen
- PC, IWB, T/S: Kontakt zu Menschen in kulturellen Zusammenhängen aufnehmen
- PC, IWB, T/S: Englisch als Lingua franca für globale Kommunikation und für Aktivitäten im Internet einsetzen: Tandem-Projekte mit Partnerschulen im englischsprachigen Ausland; Kommunikation via Skype, Google Talk, Flash Meeting

Tipps zum Einsatz von ...

digitalen Medien allgemein	• Gründen Sie eine Arbeitsgemeinschaft „Digitale Medien“, in der Sie sich in regelmäßigen Abständen austauschen. • Ernennen Sie eine/-n IT-Verantwortliche/-n in der Schule und klären Sie, inwieweit deren/dessen Arbeit unterstützt werden kann. • Legen Sie klare Aufgabenbereiche für die/den IT-Verantwortliche/-n fest. • Stellen Sie im Rahmen der Anschaffung auch die Einrichtung und spätere Wartung der Geräte sowie eine schulinterne Fortbildung sicher (bei einigen Anbietern im Lieferumfang enthalten).
Computern	• Informieren Sie sich über das installierte Betriebssystem und seine Besonderheiten. • Klären Sie, ob die SuS die Möglichkeit haben, Arbeiten zentral und geschützt vor dem Zugriff Dritter zu speichern. • Informieren Sie sich regelmäßig über das Software-Angebot und vereinbaren Sie mit der Schulleitung Möglichkeiten, den Software-Pool stetig zu erweitern.
Interaktiven Whiteboards (IWBs)	• Vergleichen Sie unbedingt IWBs von unterschiedlichen Herstellern. • IWBs unterscheiden sich in ihrer Software und ihren Bedienmöglichkeiten. Auf Fachtagungen, wie z. B. der „didacta“, sind Hersteller vor Ort. Lassen Sie sich beraten, und probieren Sie die Modelle vor dem Kauf aus. • Viele Schulbuchverlage bieten Programme zu ihren Lehrwerken für IWBs an.
Tablets/Smartphones	• Achten Sie unbedingt auf die Speicherkapazität der Geräte. Wählen Sie, wenn möglich, einen hohen Speicher. Damit vermeiden Sie langsame Tablets und die Nutzung von Speicherkarten. (Achtung! Nicht bei allen Geräten ist die Nutzung externer Speicherkarten möglich.) • Überlegen Sie, wo und wie Sie die Geräte lagern. Informieren Sie sich über die Vielzahl von Kofferlösungen verschiedenster Hersteller. Die Koffer bieten die Möglichkeit, Tablets zu lagern, zu laden und zentral zu verwalten. • Für Tablets und Smartphones gibt es aktuell drei Betriebssysteme (iOS von Apple, Android von Google und Windows von Microsoft). Informieren Sie sich, welches Ihren Bedürfnissen entspricht. Achtung! Nicht alle Apps werden für jedes Betriebssystem angeboten. • Überlegen Sie, welche Schutzhüllen Sie für die Geräte nutzen wollen. Achten Sie bei der Wahl darauf, dass diese mit Ihrem Koffer kompatibel sind, damit die Hüllen nicht vor dem Lagern abgenommen werden müssen. • Überlegen Sie, wie viele Tablets für Ihre Schule sinnvoll sind. Häufig arbeiten zwei bis vier SuS gemeinsam an einem Tablet, sodass in den meisten Fällen für den Anfang bereits ein halber Klassensatz ausreicht. • Beachten Sie unbedingt die Ansprüche der Infrastruktur, denn auf dem Tablet oder Smartphone erstellte Arbeiten sollten präsentiert oder geteilt werden können. Hierfür bieten alle Hersteller Möglichkeiten, Daten zwischen den Geräten auszutauschen, über einen Beamer zu projizieren oder mit einem IWB zu verknüpfen. Details und die für Sie passenden Optionen sollten Sie vor der Anschaffung mit dem jeweiligen Betriebssystem- und Hardware-anbieter klären. • Fragen Sie Ihre SuS, welche Apps bereits bekannt sind und von ihnen genutzt werden. • Testen Sie zunächst die kostenlosen Apps. Sollten die angebotenen Funktionen nicht ausreichen, können Sie entweder innerhalb der App zusätzliche Funktionen kaufen oder eine Vollversion der App über den App Store von Apple oder Google Play beziehen.

1 „Vom Millimeter zum Kilometer" – ein digitales Mathealbum (Klasse 3/4)

(von Birgit Brandt/Ronny Sitter)

In Kürze
Die Kinder sammeln in Kleingruppen Fotos zu verschiedenen Längeneinheiten und teilen diese mit einem Kommentar versehen als digitales Album online in einem geschützten Bereich. Dies lässt sich z. B. mit der kostenfreien Web-App Book Creator von Schools Limited umsetzen. Die Idee ist, dass die Kinder sich dabei sowohl Stützpunktwissen zu Längeneinheiten aneignen, als auch interessante Fragen – z. B. zu historischen Längeneinheiten – entwickeln können. Die Unterrichtsidee lässt sich leicht auf andere Themen übertragen und in anderen Fächern sowie fächerverbindend einsetzen.

Ziele/Kompetenzen	Die SuS planen ein digitales Album zum Thema „Längeneinheiten". Sie sammeln und erstellen dazu Bilder oder Fotos, die sie mit kurzen Beschreibungstexten zu einer Übersicht zusammenstellen. Sie ... • verschaffen sich einen Überblick über die verschiedenen Längeneinheiten und überlegen, wie sich diese bildlich darstellen lassen. • zeichnen Bilder (per Scan digital erfassen) oder erstellen Fotos von Objekten. • erstellen kurze Beschreibungstexte zu den Ausstellungsstücken. • laden ihre Materialien in die Ausstellung und legen dabei eine Reihenfolge für das digitale Album fest. • stellen ihr Produkt anderen vor.
Sprachliche Mittel	• zum Wortfeld: Längeneinheiten • Textsorte: Beschreibung und Erklärung
Einordnung in die Unterrichtseinheit	Das digitale Album eignet sich zur Vertiefung von vorhandenen Kenntnissen zu Längeneinheiten. Daher bietet sich dieses Projekt besonders für einen Einsatz nach Einführung der Längeneinheiten an.
Zeitbedarf	4 x 45 Min.
Medien	**Präsentation durch L:** • IWB oder Computer und Beamer für die Einführung in die App (z. B. Book Creator unter bookcreator.com) gegebenenfalls Tafel und ausgedrucktes Bildmaterial für die thematische Orientierung **Erarbeitung durch SuS:** • Smartphone (Recherche, Fotoerstellung) • Tablet oder Computer (Recherche, Fotoerstellung, Albumgestaltung; z. B. Web-App „Book Creator")
Vorbereitung	• beispielhaftes Bildmaterial zu Messinstrumenten und Längeneinheiten suchen sowie inhaltliche Recherche • Accounts anlegen und sich mit dem Editieren des digitalen Albums vertraut machen • Tablets/Computer für die Gruppenarbeit vorbereiten
Material	Bildmaterial, Arbeitsblatt
Sozialform	Partner- und Gruppenarbeit, Plenum

Unterrichtsverlauf

Einstieg	Die L gibt eine kurze Einführung in die App, falls noch nicht bekannt und stellt den SuS das Ziel vor, damit ein digitales Album zu gestalten. Sie aktiviert die SuS, indem Längeneinheiten gemeinsam gesammelt und deren Bedeutungen und Verwendungen im Alltag besprochen werden. Dies kann durch visuelle Anreize unterstützt werden: • Bilder von unterschiedlichen Gegenständen, die mit den verschiedenen Längeneinheiten in Verbindung gebracht werden können • Bilder von verschiedenen Messinstrumenten • Bilder zu historischen Längeneinheiten
Vorbereitung 1: Arbeitsauftrag Recherche	Die L fragt die SuS: „Wie kann man die Längeneinheit ‚Meter' als Bild oder Foto darstellen?" Die SuS äußern sich spontan. Die L sammelt die Stichpunkte für alle sichtbar (z. B. Tafel, IWB, Poster). Dabei sollten vor allem auch ungewöhnliche Ideen, wie z. B. das Bild einer Ameise für die Längeneinheit „Meter" festgehalten und für die Umsetzung zugelassen werden. Die L wählt eine Idee exemplarisch aus und erklärt daran die Aufgabenstellung auf dem Arbeitsblatt (z. B. am IWB exemplarisch ausfüllen): • Bildidee als Skizze oder in knappen Worten festlegen L: „Was soll auf dem Bild/Foto zu sehen sein?" • Längeneinheit bezeichnen L: „Welche Längeneinheit soll verwendet werden?" • Rechercheidee entwickeln L: „Wo könnte man das Foto/Bild finden oder erstellen?" • Beschreibungstext entwerfen L: „Was könnte man dazu schreiben?" (Es muss deutlich gemacht werden, dass der Text erst geschrieben werden kann, wenn das Bild/Foto vorhanden ist.) **Differenzierung:** Haben die Kinder noch wenig Erfahrungen mit der Recherche oder der Textgestaltung, kann sich die erste Recherchephase auf die Suche nach geeignetem Bildmaterial beschränken und die Texterstellung in einer zweiten Arbeitsphase nach gemeinsamer Sichtung des Bildmaterials erfolgen.
Erarbeitung 1: Material erstellen	Die L teilt die SuS in Gruppen ein (4 SuS) und erklärt den Arbeitsauftrag: „Besprecht in eurer Gruppe zuerst, welche Längeneinheiten ihr zeigen wollt. Tragt zunächst immer die Längeneinheit und eine Bildidee auf einem Arbeitsblatt ein. Wenn ihr zusammen vier Bildideen gefunden habt, dann verteilt ihr die Arbeitsblätter. Anschließend sammelt ihr allein oder zu zweit passende Bilder und schreibt kurze Texte dazu." Die beiden Arbeitsschritte werden zusätzlich für alle sichtbar festgehalten (z. B. Plakat): 1. Idee für das Album der Gruppe festlegen (Gruppenarbeit) 2. Bildideen umsetzen und Texte schreiben (Partnerarbeit) Die L unterstützt die SuS bei der Recherche durch die Beantwortung inhaltlicher und technischer Fragen. **Differenzierung:** Jede Gruppe erhält zunächst vier Arbeitsblätter. Arbeitet eine Gruppe sehr zügig, kann sie weitere Arbeitsblätter bearbeiten. Neben dieser quantitativen Differenzierung können auch thematische Alben angeregt werden, etwa zu historischen Längeneinheiten oder Längeneinheiten in anderen Ländern. Dazu können Bücher und Sachtexte zur Verfügung gestellt werden.

Vorbereitung 2: App kennenlernen	Wenn alle Gruppen ausreichend Material entwickelt haben, führt die L an einem Beispiel vor, wie die Bilder über die App zu einem digitalen Album zusammengestellt werden. Die notwendigen Arbeitsschritte werden für alle sichtbar festgehalten, z. B. durch ein Plakat (dieser Schritt kann gegebenenfalls übersprungen werden, wenn die App bereits bekannt): • einloggen und auf „+Neues Buch“ klicken • Album-Format aussuchen und „+“ anklicken • auf „Bilder“ und z. B. auf „Vom Computer hochladen“ gehen • um Text hinzuzufügen „+“ und „Text“ auswählen • die Pfeile auf der rechten und linken Seite zum blättern nutzen
Erarbeitung 2: Ausstellung gestalten	Die SuS arrangieren in ihren Gruppen die Bilder in einer sinnvollen Reihenfolge. Das Material wird dann Bild für Bild im digitalen Album zusammengetragen (pro Gruppe ein Tablet/PC). Gleichzeitig werden die Texte dazu eingegeben. Abschließend wird in der Gruppe das digitale Album kontrolliert und auf Fehler überprüft. Letzteres gilt auch für die Erklärungstexte. Gegebenenfalls müssen sie noch in Bezug auf Inhalt und Verständlichkeit überarbeitet werden. Jede Gruppe erstellt so ihr eigenes Album. **Differenzierung:** Gruppen mit wenig Material können entweder zusammen ein Album füllen oder einfach einige vorbereitete Fotos ohne Text einfügen.
Sicherung	Die L bittet die SuS, sich die Alben der anderen SuS anzuschauen, eins davon auszuwählen und ihre Eindrücke dazu zu schildern. Diese werden im Plenum und mit den Autoren des jeweiligen Albums besprochen. Die anderen SuS ziehen Vergleiche zu ihren eigenen Alben. Wenn nötig, kann eine zweite Überarbeitungsphase letzte Veränderungen zulassen, bevor die Alben z. B. für andere Klassen oder Eltern online zugänglich gemacht werden. **Differenzierung:** Um die Sicherung der Ergebnisse offener zu gestalten und die SuS miteinander ins Gespräch zu bringen, können sich die SuS zunächst nur in der eigenen Gruppe über die Alben der anderen oder mit einer Partnergruppe austauschen und diskutieren, bevor eine Diskussion im Plenum erfolgt.

Achtung!

Erfahrungen mit dem eigenständigen Recherchieren und digitaler Arbeit: Der Ablauf der Stunden muss an die Vorerfahrungen der SuS angepasst werden. Bei wenig Erfahrung im eigenständigen Recherchieren, können gelenkte Phasen helfen, in denen die einzelnen Schritte zuerst im Plenum besprochen und im Anschluss von den SuS umgesetzt werden. Ebenso sind die digitalen Kompetenzen der Kinder zu beachten. Wenn die Arbeit mit der App oder vergleichbaren Anwendungen bereits im Unterricht erfolgt ist, können entsprechende Einführungsphasen entfallen. Gibt es jedoch SuS mit Schwierigkeiten, sollte die Arbeit der Kinder auf das Bereitstellen der Bilder und die Erarbeitung der Texte beschränkt werden. Das Ordnen und Hochladen müsste dann die L – eventuell mit Unterstützung von einigen Kindern oder Eltern – übernehmen.

Veröffentlichung: Bei der Onlineveröffentlichung sollte darauf geachtet werden, dass verschiedene Optionen zur Verfügung stehen und im Hinblick auf den Datenschutz, insbesondere bei der Verwendung von sensiblem Bildmaterial (geschütztes Material oder Fotos, die die Persönlichkeitsrechte der SuS betreffen), passend ausgewählt werden müssen. So kann festgelegt werden, dass nur Personen Zugriff auf ein Album haben, wenn sie entweder den Link oder zusätzlich auch noch ein entsprechendes Passwort haben. Darüber hinaus ist es auch möglich, ein Album für alle freizugeben, d. h. dass z. B. auch andere Schulen die Werke finden können. Davon unabhängig sollten nie Bilder von Kindern ohne das Einverständnis der Eltern verwendet werden sowie Bilder, die unter keinen Umständen weiterverbreitet werden sollen, da online keine absolute Sicherheit gewährleistet werden kann.

Name: Datum:

Arbeitsblatt

Ideensammlung: Vom Millimeter zum Kilometer

Bildidee

Längeneinheit

Rechercheidee:

Beschreibungstext:

Wenn ihr ein Bild gefunden habt, könnt ihr hier euren Text dazu entwerfen:

2 Körpernetze gestalten: Bunte Würfelnetze (Klasse 3/4)

(von Birgit Brandt/Ronny Sitter)

In Kürze
Die Kinder können mit der App „Shapes – 3D Geometrie Lernen" unterschiedliche geometrische Körper und deren Körpernetze kennenlernen. Sie haben die Möglichkeit, eigene Entwürfe zu testen, auf Papier auszudrucken und daraus geometrische Körper zu basteln. Die App lässt sich intuitiv steuern und eignet sich zum eigenständigen Ausprobieren ohne konkrete Arbeitsaufträge. Mit der App können stufenlos Veränderungen der Größe, Rotationen und virtuelle Faltprozesse visualisiert werden. So können die Kinder durch spielerisches Probieren ihre Raumvorstellungen entwickeln und schrittweise Vorstellungen über systematische Vergleiche und Strukturierungen von Körpern und ihren Netzen entwickeln.

Ziele/Kompetenzen	Die SuS nutzen die App, um sich mit Variationsmöglichkeiten zum mehrfarbigen Würfelnetz vertraut zu machen. Sie ... • betrachten (mehrfarbige) Würfel(netze) aus unterschiedlichen Blickwinkeln. • erkunden die Lagebeziehungen der Seitenflächen in Würfelnetzen. • lernen unterschiedliche Würfelnetze kennen. • variieren Würfelnetze in der Farbgebung. • können mehrfarbige Würfelnetze beschreiben und Würfelnetze anhand von Beschreibungen erkennen.
Fachterminologie	• zum Wortfeld: geometrische Körper und Figuren, Netze, Lagebeziehungen
Einordnung in die Unterrichtseinheit	Die Unterrichtseinheit dient zur Förderung des räumlichen Vorstellungsvermögens. Vor der Durchführung sollten die SuS erste Erfahrungen mit Würfelnetzen enaktiv erworben haben. Zudem sollten sie die App zunächst eigenständig ohne konkreten Arbeitsauftrag erkunden. Dies kann als Auftakt in die Unterrichtseinheit integriert werden.
Zeitbedarf	2 x 45 Min.
Medien	**Präsentation durch L:** • IWB oder Computer und Beamer **Erarbeitung durch SuS:** • Tablet (App: „Shapes – 3D Geometrie Lernen" für Android und iOS) möglichst mit Zugang zum Farbdrucker (alternativ können die von den Kindern erstellten Netze zunächst als PDF gespeichert und später vom L zentral ausgedruckt werden)
Vorbereitung	• sich mit der Bedienung der App vertraut machen und gegebenenfalls auf Tablets installieren • vier dreifarbige Druckvorlagen von verschiedenen Würfelnetzen mithilfe der App erstellen, ausdrucken und ausschneiden (z. B. zwei T-Formen und zwei Kreuz-Formen, die sich von den Beispielen auf dem Arbeitsblatt unterscheiden)
Material	Arbeitsblatt 1 und 2, vier ausgeschnittene Druckvorlagen mit farbigen Würfelnetzen (T-Form und Kreuz-Form)
Sozialform	Einzel- oder Partnerarbeit, Plenum

Unterrichtsverlauf

Einstieg	Die L hängt die vorbereiteten Druckvorlagen für alle sichtbar auf. In einem ersten Schritt fordert sie die SuS auf, Gemeinsamkeiten und Unterschiede der vier Würfelnetze zu beschreiben. Dabei sollte durch Faltversuche geklärt werden, dass die gegenüberliegenden Seiten immer gleich gefärbt sind. In einem zweiten Schritt beschreibt die L ein Würfelnetz, während die Kinder erraten, welches Netz beschrieben wird. **Differenzierung:** Alternativ kann das Beschreiben und Erraten auch als kurze Partnerübung erfolgen. Die L fragt die SuS, wie sich noch weitere Netze finden lassen, sammelt einige Ideen im Gespräch und leitet so zur Aufgabe über: „Wir wollen heute ganz viele Netze finden, die zusammengefaltet genauso aussehen wie diese Würfel!"
Erarbeitung: Erstellung der Würfelnetze	Die L bittet die SuS allein oder mit einem Partnerkind, die App Shapes zu öffnen und den Würfel im Auswahlmenü aufzurufen. Sie erklärt, wie man Netze erstellen und färben kann und wie man mit dem Schieberegler (Slider) Fehler in der eigenen Konstruktion findet. Haben die Kinder ein eigenes Netz erstellt und getestet, wird dieses ausgedruckt und ausgeschnitten. Das fertige Würfelnetz wird dann auf dem Arbeitsblatt 1 mit einem kurzen Text beschrieben. **Differenzierung:** Schnell arbeitende SuS können auf dem Arbeitsblatt 2 weitere Würfelnetze sammeln und Variationsmöglichkeiten erkunden. Dabei ist es sowohl möglich, neue Netzformen zu finden, als auch systematisch die Farbgebung zu verändern. Weitere freie Erkundungsaufträge: • Würfel mit anderer Farbgestaltung (gleichfarbige Flächen nebeneinander, zwei- oder vierfarbige Würfel) • Farbtausch am Netz und Wirkung am gefalteten Würfel • farbige Netze für nicht würfelförmige Quader
Sicherung	Die von den SuS erstellten und auf der Rückseite namentlich gekennzeichneten Würfelnetze werden für alle sichtbar aufgehängt. Sie werden gemeinsam sortiert und gruppiert; hierbei können Ähnlichkeiten in Farb- und Formgebung berücksichtigt werden. Dann lesen sich die SuS partnerweise gegenseitig ihre Beschreibungen vor und versuchen, das richtige Netz zu finden. Im abschließenden Plenum können Beschreibungen von gleichen oder sehr ähnlichen Netzen miteinander verglichen werden. Die Variationsmöglichkeiten von Form oder Farbgebung können angesprochen werden. SuS, die das Arbeitsblatt 2 oder andere Erkundungsaufgaben bearbeitet haben, können hier ihre Erfahrungen einbringen.

Name: Datum:

Arbeitsblatt 1

Der bunte Würfel

Das ist ein Würfelnetz.
Wenn man das Netz zum Würfel faltet, haben die gegenüberliegenden Flächen jeweils dieselbe Farbe.

Erstelle am Tablet ein eigenes Würfelnetz, aus dem man den gleichen Würfel falten kann. Du kannst dein Netz ausdrucken.

Mein buntes Würfelnetz:

Beschreibe dein Würfelnetz.

Name: Datum:

Arbeitsblatt 2

Noch mehr bunte Netze

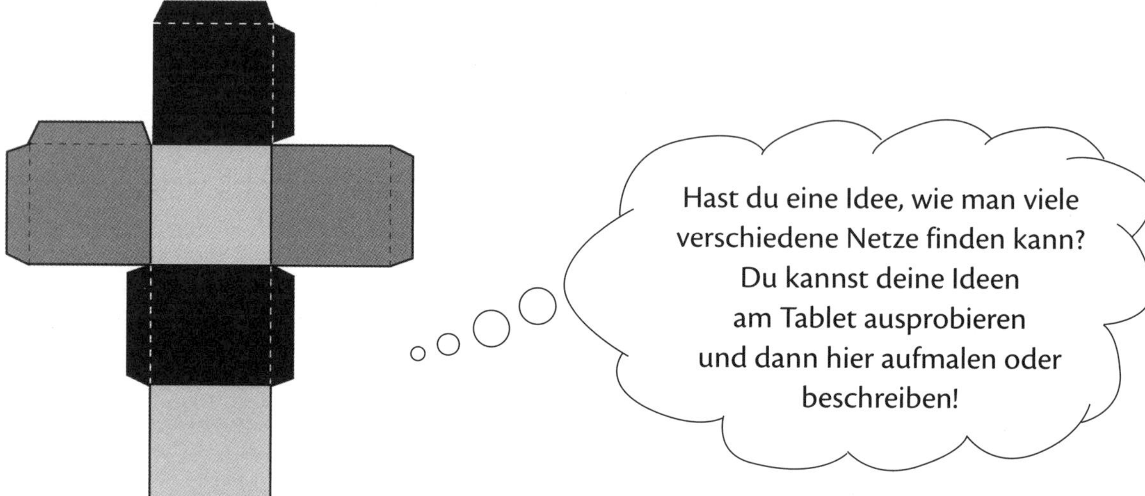

Deutsch

3 Zeitformen-Quizmaster (Klasse 3/4)

(von Anica Betz/Stefanie Kunze)

In Kürze
Die SuS arbeiten zu den Zeitformen des Deutschen, indem sie basierend auf ihrem Wissen in Gruppen möglichst knifflige Fragen entwickeln und im anschließenden Quiz gegeneinander antreten. Die App „Kahoot!" gibt dabei das Fragen- und Antwortformat vor, dient der Quizerstellung und ermöglicht eine individuelle Quizteilnahme und Rückmeldung.

Ziele/Kompetenzen	Die SuS wiederholen das Gelernte über die Zeitformen des Deutschen und bereiten ihr Wissen dazu für die Erstellung von Quizfragen auf. Sie ... • ordnen die Zeitformen chronologisch und die Beispiele der richtigen Zeitform zu (siehe Kopiervorlage). • benutzen ihr Wissen sowie bisherige Aufzeichnungen, Hefteinträge und Wörterbücher, um ihr Wissen über die Zeitformen aufzufrischen. • entwickeln in Gruppen Quizfragen mit richtigen und falschen Antworten zu einer Zeitform. • bestimmen die Schwierigkeit der eigenen Fragen. • reflektieren ihr eigenes Abschneiden bei dem Quiz und erkennen Wissenslücken.
Einordnung in den Unterricht	„Zeitformen-Quizmaster" eignet sich als Abschluss einer Grammatikeinheit zu den Zeitformen des Deutschen. Der Entwurf ist nicht an ein spezifisches Unterrichtsthema gebunden, sodass er auch als Grammatikstunde für sich stehen kann. Die Konzeption des Entwurfs basiert auf den vier Zeitformen Präsens, Präteritum, Perfekt und Futur, die bekannt sein sollten. Die vorhandenen Kenntnisse der SuS werden aufgegriffen, angewandt und über das Quiz spielerisch getestet. Unter Umständen offenbart das Quiz Probleme der SuS im Umgang mit den Zeitformen, sodass gegebenenfalls anschließend einzelne Aspekte der Zeitformen wiederholt werden sollten.
Zeitbedarf	2 x 45 Min.
Medien	**Präsentation durch L:** • Tablet/Computer (App: Kahoot! für Android und iOS) und IWB/Beamer **Erarbeitung durch SuS:** • Tablet/Smartphone/Computer (App: Kahoot!)
Vorbereitung	• App auf den Geräten installieren • sich mit der Quizerstellung in der App Kahoot! vertraut machen • SuS ankündigen, dass sie für die Stunden ihre Grammatikaufzeichnungen mitbringen können • Klasse in Dreiergruppen einteilen und zusammensetzen lassen
Material	Kopiervorlage, Arbeitsblatt, Wörterbücher
Sozialform	Gruppenarbeit, Plenum

Unterrichtsverlauf

Einstieg/ Reaktivierung	Die L aktiviert das bereits erworbene Wissen der SuS in Bezug auf die behandelten Zeitformen Präsens, Präteritum, Perfekt und Futur, indem mithilfe der Zeitformenkarten (Kopiervorlage) eine zusammenfassende Übersicht an der Tafel erstellt wird. Die im Vorfeld eingeteilten Dreiergruppen erhalten je eine Karte mit einem Begriff zur Zeitform sowie eine mit konjugiertem Verb und ordnen diese in das entstehende Schema an der Tafel ein. Die SuS begründen die Zuordnung. Die L leitet die Entstehung der Übersicht an.
Hinführung	Die L bespricht mit den SuS die Aufgaben mithilfe des Arbeitsblattes und einem Beispiel für eine erstellte Quizaufgabe (siehe Kopiervorlage) am IWB. Gemeinsam werden mögliche Aufgaben erarbeitet und an der Tafel visualisiert.
Erarbeitungsphase: Quizaufgaben	Jede Schülergruppe erstellt zwei Aufgaben zu ihrer am Anfang der Unterrichtsstunde erhaltenen Zeitform für das Grammatikquiz. Die Dreiergruppen besprechen die erstellten Quizaufgaben auf dem Arbeitsblatt mit der L, um Plausibilität und gegebenenfalls korrekte Rechtschreibung zu sichern. Sie reichen anschließend eine Endversion ihrer Fragen ein. Die L pflegt die Aufgaben am Tablet oder Computer in das Klassen-Quiz (über die Kahoot!-App) ein. **Differenzierung:** • Die Differenzierung geht von den Kompetenzen der SuS selbst aus. Sie können sich an das Schema der erarbeiteten Beispielaufgaben halten oder aber Aufgaben anderer Formate/Schwierigkeitsgrade entwickeln. • Die SuS dürfen bei Bedarf auf Hefteinträge, Wörterbücher oder sonstige Materialien zurückgreifen. • Arbeitsgruppen, die besonders schnell korrekte Quizaufgaben erstellen, werden angehalten, Bonusaufgaben zu entwerfen.
Bearbeitungsphase: Teilnahme am Quiz	Die L startet das Quiz. Die SuS spielen einzeln oder in Dreiergruppen zeitgleich das erstellte Quiz auf dem Tablet/Smartphone oder am Computer. Die L kann den Quizverlauf zusätzlich am IWB/Beamer visualisieren.
Auswertung	Mithilfe der von Kahoot! angebotenen Auswertung (auf dem jeweiligen Tablet/ Smartphone und am IWB/Beamer) kann am Ende in anonymisierter Form (selbstgewählter Nickname) eine Selbsteinschätzung der SuS zum Leistungsstand bezüglich des Grammatikthemas „Zeitformen" erfolgen. Außerdem können die Autorinnen und Autoren der kniffeligsten Frage sowie die beste teilnehmende Gruppe zu Quizmastern gekürt werden. Abschließend kann die L mit den SuS reflektieren, wie sie bei der Formulierung der Fragen vorgegangen sind und Anregungen zur weiteren Übung der Unterrichtsinhalte geben. **Differenzierung:** SuS, die Bonusaufgaben für das Quiz erstellt haben, können diese vortragen.

Kopiervorlage

Zeitformen-Quizmaster

Präsens	Gegenwart	ich lerne	wir schwimmen
Präteritum	einfache Vergangenheit	ich lernte	wir schwammen
Perfekt	zusammen-gesetzte Vergangenheit	ich habe gelernt	wir sind geschwommen
Futur	Zukunft	ich werde lernen	wir werden schwimmen

Beispielaufgabe

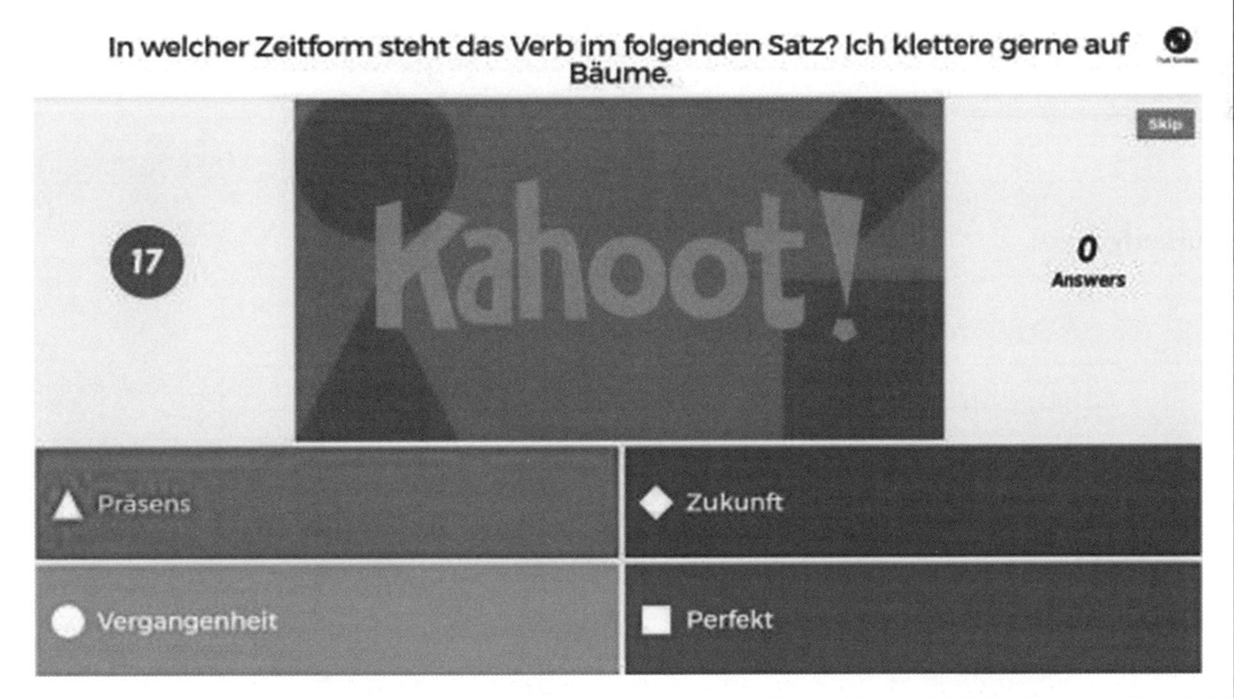

© Screenshot von Kahoot!, erstellt von Anica Betz

Name: Datum:

Arbeitsblatt

Zeitformen-Quiz

Aufgabe:

Erinnert euch an die Zeitform, die euch zugeteilt wurde. Denkt euch nun gemeinsam zwei Aufgaben zu dieser Zeitform für das Quiz aus. Achtung! Jede Quizaufgabe besteht aus:

- einer Frage.
- einer richtigen Antwort. Kreise diese Antwort ein!
- drei falschen Antworten.

Quizaufgabe 1:

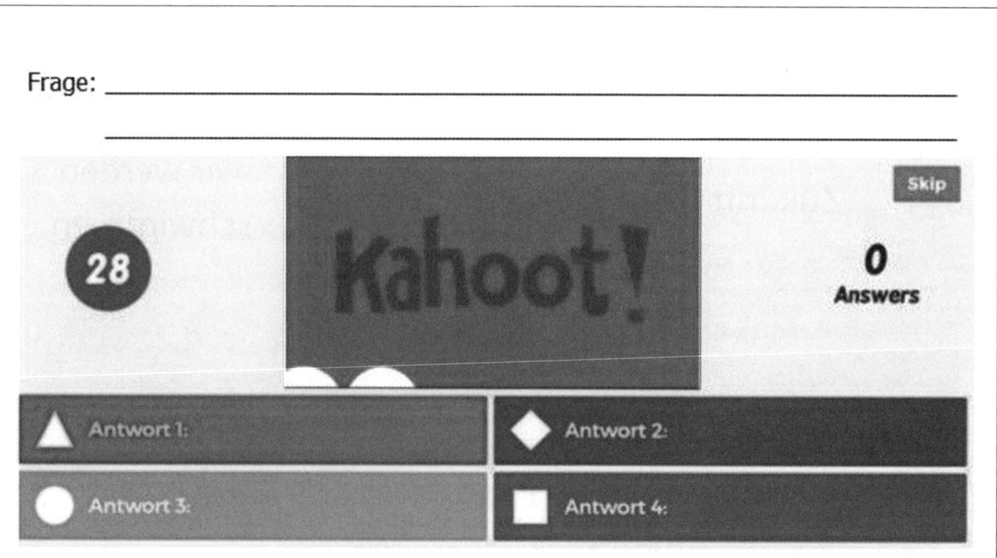

© Screenshot von Kahoot, erstellt von Anica Betz

Quizaufgabe 2:

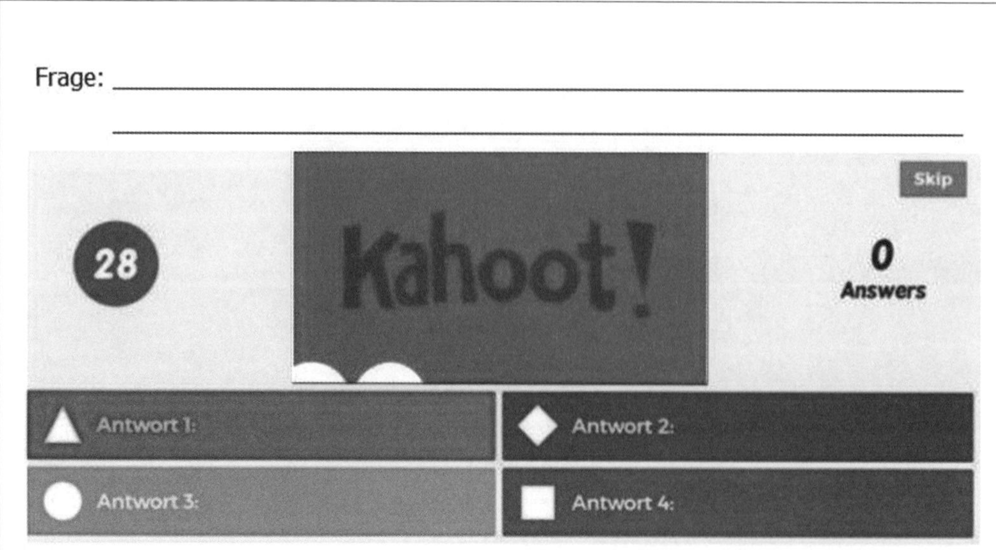

© Screenshot von Kahoot!, erstellt von Anica Betz

Deutsch

4 Einen Comic gestalten (Klasse 4)

(von Stefanie Kunze)

In Kürze
Die SuS vertiefen ihr Wissen zur Textsorte „Comic“ und wenden dieses an, indem sie selbst Comics gestalten. Mithilfe einer Comic-Creator-App ist jedes Kind in der Lage, ein hochwertiges Comic-Heft anzufertigen.

Ziele/Kompetenzen	Die SuS gestalten einen eigenen Comic mithilfe einer Comic-Creator-App. Sie ... • vertiefen ihr Wissen zum Thema „Comic“ und wenden es an. • entwickeln eine Idee für eine Comic-Geschichte unter Berücksichtigung der textsortenspezifischen Anforderungen. • lernen die Möglichkeiten einer Comic-Creator-App kennen und wenden das erworbene Wissen an. • setzen die Idee für ihren Comic mithilfe der Comic-Creator-App um. • beurteilen die Arbeitsergebnisse ihrer Mitschülerinnen und Mitschüler und geben Hilfestellung für die Weiterentwicklung.
Einordnung in den Unterricht	In der hier vorgestellten Unterrichtseinheit wird ein Comic als eigenes Schreibprodukt angefertigt. Die SuS greifen dabei auf vorhandenes Textsortenwissen zurück und wenden das bisher Gelernte an. Somit sollte das Thema „Comic“ im Deutschunterricht zuvor ausführlich behandelt worden sein. Das Anfertigen eines eigenen Comics eignet sich gut als Abschluss des Unterrichtsthemas und für ein fächerverbindendes Arbeiten mit dem Fach Kunst.
Zeitbedarf	14 x 45 Min.
Medien	• Tablets mit Comic-Creator-App (z. B. Comic Life)
Vorbereitung	• Comic als Textsorte im Unterricht behandeln, dabei eine Sammlung Comic-Hefte für die Klasse anlegen • Comic-Creator-App auf den Tablets installieren • Tablets und Drucker funktionsbereit halten • mithilfe der Comic-Creator-App Comicvarianten zur Anschauung erstellen und als Comic-Hefte drucken • digitale Comicvorlage für die Übungsphase erstellen • Leitfaden (Arbeitsblatt) für das Austesten der Funktionsmöglichkeiten der App erstellen
Material	von der L erstellte Comic-Hefte, Zeichenmaterial/Papier für die Erstellung von Skizzen, Arbeitsblatt, Comic-Hefte zur Anschauung, von der L erstellte digitale Comic-Vorlage
Sozialform	Plenum, Kleingruppenarbeit, Einzelarbeit

Unterrichtsverlauf

Einstieg/ Reaktivierung	Die L präsentiert den SuS einige Comic-Hefte, welche sie zuvor selbst mit der Comic-Creator-App erstellt hat. Sie erklärt kurz, wie sie die Hefte produziert hat. Das Vorwissen der SuS in Bezug auf die Textsorte „Comics“ wird in dieser Phase aktiviert. Sie erhalten den Auftrag, in den folgenden Stunden ein eigenes Comic-Heft zu gestalten.
Erarbeitung I: Anfertigung von Text- und Bildskizzen	Die SuS fertigen analoge Text- und Bildskizzen an, die als Grundlage für die spätere Arbeit mit der Comic-Creator-App dienen. Dabei ... • entwickeln sie zunächst eine Idee für eine Geschichte. • arbeiten sie Setting, Figurenmerkmale, Symbole aus. • notieren sie im Anschluss ihre Geschichte und Dialoge in Form eines Skripts. • übersetzen sie in einem nächsten Schritt die Handlungseinheiten der Geschichte in Comiczeichnungen (Skizzen). Diese werden abschließend mit den für die Textsorte typischen sprachlichen Elementen versehen. **Differenzierung:** • Als Anregung und Gestaltungsvorbild dürfen zuvor in der Klasse gesammelte Comic-Hefte genutzt werden. • Die L steht unterstützend zur Seite. • Die Ideen zur Geschichte und deren Umsetzung können mit Mitschülerinnen und Mitschülern diskutiert werden.
Erarbeitung II: Anfertigung von Reinzeichnungen oder Fotos	Nachdem die SuS die Text- und Bildskizzen fertiggestellt haben, fertigen sie die Reinzeichnungen für ihren Comic an, scannen diese im Anschluss ein oder nehmen Fotos mit den gewünschten Motiven auf.
Erarbeitung III: Exploration und Einübung der digitalen Bearbeitungsmöglichkeiten	Die L stellt der Klasse kurz die Comic-Creator-App und ihre Möglichkeiten zur Nutzung vor. Sie erklärt, auf welche formalen Gestaltungsmittel sie bei der Erstellung der eingangs präsentierten Comic-Hefte zurückgegriffen hat. Die L stellt die grundlegenden Funktionen der Comic-Creator-App am IWB vor. Die SuS erhalten Tablets und machen sich mithilfe des Leitfadens auf dem Arbeitsblatt mit den Funktionen der Comic-Creator-App vertraut. 1. Die SuS erkunden zunächst eigenständig oder in Kleingruppen die Funktionen der Comic-Creator-App. 2. Damit sich die SuS gezielt mit den unterschiedlichen Funktionsmöglichkeiten beschäftigen, die später benötigt werden, erledigen sie eigenständig oder in Kleingruppen Aufträge mithilfe eines Leitfadens. In einer von der L erstellten digitalen Comic-Vorlage sollen folgende Aspekte bearbeitet werden: • Comicseitenhintergrund (Einfügen, Löschen, Auswahl) • Panels (Einfügen, Löschen, Auswahl, Position, Größe) • Bilder/Fotos (Einfügen, Löschen, Auswahl, Ausschnitt) • Textfelder (Einfügen, Löschen, Position, Schriftgröße, Schriftfarbe, Schriftart) • Sprech- und Denkblasen (Einfügen, Löschen, Position, Schriftgröße, Schriftfarbe, Schriftart) • Soundwörter (Einfügen, Löschen, Auswahl, Position) • Grundfunktionen (Datei speichern, Datei erneut öffnen)

	Auf dem Arbeitsblatt kennzeichnen die SuS, welche Fähigkeiten sie beherrschen. **Differenzierung:** • Die Aufträge im Leitfaden können mit Blick auf weitere Funktionen der Comic-Creator-App ergänzt werden. • Die SuS arbeiten in Kleingruppen zusammen, sodass Lösungen in der Gemeinschaft gefunden werden können. • Die L steht unterstützend zur Seite.
Erarbeitung III: Erstellung des digitalen Comics	Die SuS erstellen auf der Grundlage ihrer zuvor angefertigten analogen Skizzen und der angefertigten Bilder mithilfe der Comic-Creator-App ihren eigenen digitalen Comic. Sie greifen dabei auf das zuvor erarbeitete Wissen zu Funktionsmöglichkeiten der App zurück. **Differenzierung:** • Bei Bedarf können Vorlagen der App genutzt werden. • Als Bilder und Panelelemente können Vorlagen, eigene Zeichnungen oder Fotos Verwendung finden.
Prüfung und Überarbeitung der Ergebnisse	Die SuS kommen in Kleingruppen in einer Schreibkonferenz zusammen. Alle SuS präsentieren in diesem Rahmen ihren digitalen Comic. Die Mitschülerinnen und Mitschüler geben mit Blick auf Textsortenmerkmale sowie Gestaltungsmittel Feedback und ggf. Hinweise zur Überarbeitung. Die SuS redigieren im Anschluss bei Bedarf in Einzelarbeit ihre Comics. **Variante:** Ggf. kann die Schreibkonferenz und das Redigieren in mehrere Phasen aufgeteilt werden. Die Gliederung kann hinsichtlich der Schreibphasen oder thematischen Aspekte erfolgen.
Ergebnissicherung und Präsentation	Die L druckt die Comics in Heftform. Die Schülerarbeiten können im Klassenzimmer oder Schulgebäude ausgestellt werden. Bei einem Galerierundgang im Plenum erfolgt der Austausch über die Arbeitsergebnisse.

Name: Datum:

Arbeitsblatt

Mit der Comic-Creator-App arbeiten

1. Mache dich selbstständig oder in der Kleingruppe mit der Comic-Creator-App vertraut. Probiere die verschiedenen Funktionen aus, mit deren Hilfe du einen Comic erstellen kannst.

2. Verändere die Comic-Vorlage in der Comic-Creator-App, wie es im Folgenden beschrieben wird. Hake auf der Checkliste ab, was du gelernt hast (✓).

Hintergrund für die Comicseite

Ich kann …

- den Hintergrund einer Comicseite austauschen. ☐
- den Hintergrund einer Comicseite löschen. ☐
- den Hintergrund einer Comicseite neu einfügen. ☐

Bilder und Fotos

Ich kann …

- ein Bild in einem Panel durch ein anderes Bild austauschen. ☐
- den Ausschnitt eines Bildes in einem Panel ändern. ☐
- ein Bild aus einem Panel löschen. ☐
- ein Bild in ein Panel neu einfügen. ☐

Sprech- und Denkblasen

Ich kann …

- den Text in einer Sprechblase inhaltlich ändern. ☐
- die Schriftgröße eines Textes in einer Sprechblase ändern. ☐
- die Farbe eines Textes in einer Sprechblase ändern. ☐
- die Schriftart eines Textes in einer Sprechblase ändern. ☐
- den Text aus einer Sprechblase löschen. ☐
- den Schweif einer Sprechblase zu verschiedenen Figuren ziehen. ☐
- eine Sprechblase verschieben. ☐
- eine Sprechblase löschen. ☐
- eine Sprechblase neu einfügen. ☐

Panels

Ich kann …

- die Panels im Comic durch andere Panels austauschen. ☐
- die Panels im Comic verschieben. ☐
- die Größe der Panels im Comic ändern. ☐
- ein Panel löschen. ☐
- ein Panel neu einfügen. ☐

Textfelder

Ich kann …

- den Text in einem Textfeld inhaltlich ändern. ☐
- die Schriftgröße eines Textes in einem Textfeld ändern. ☐
- die Farbe eines Textes in einem Textfeld ändern. ☐
- die Schriftart eines Textes in einem Textfeld ändern. ☐
- den Text aus einem Textfeld löschen. ☐
- ein Textfeld verschieben. ☐
- ein Textfeld löschen. ☐
- ein Textfeld neu einfügen. ☐

Soundwörter

Ich kann …

- Soundwörter austauschen. ☐
- Soundwörter löschen. ☐
- Soundwörter neu einfügen. ☐

Deutsch

5 Mündliche Kommunikation: Gezielt Stimme und Körper einsetzen (Klasse 4)

(von Ronald Herzog/Lisa Anders)

In Kürze
Mündliche Kommunikation von Angesicht zu Angesicht ist ein wichtiges Mittel zwischenmenschlicher Verständigung. Gerade in unserer Zeit, in der Kommunikation oft medienvermittelt stattfindet, ist es wichtig, Komplexität, Wirkung und Vorteile des Zusammenspiels verbaler, paraverbaler und nonverbaler Kommunikation verstehen und einsetzen zu können. Dabei kann Mündlichkeit mit digitalen Medien verknüpft und die Entwicklung von Sprache, Stimme und Körperausdruck durch Tablets und Co. unterstützt werden.

Ziele/Kompetenzen	Die SuS ... • kennen Mittel und Möglichkeiten des stimmlich-sprecherischen Ausdrucks und können ihre Stimme gezielt einsetzen. • kennen Mittel und Möglichkeiten der Körpersprache und können Mimik, Gestik und Proxemik zur Darstellung einer Handlung einsetzen. • gestalten in Partnerarbeit einen Trickfilm und inszenieren in Gruppenarbeit eine kurze Theaterszene. • beherrschen den Umgang mit Tablets zur Gestaltung und Präsentation der Szenen. • lernen Grundkenntnisse und sammeln erste Erfahrungen im Herstellen und Präsentieren eigener Medienbeiträge. • nehmen die kommunikative und ästhetische Leistung anderer bewusst wahr. • geben und nehmen konstruktives Feedback.
Sprachliche Mittel	• Narration und dramatischer Dialog • paraverbale Ausdrucksmittel (Sprechstil) • nonverbale Ausdrucksmittel (Körpersprache)
Einordnung in den Unterricht	Der Stundenentwurf kann als eigenständige Einheit umgesetzt werden. Die Unterrichtssequenz kombiniert verschiedene Lerninhalte des Lernbereichs Sprechen und Zuhören miteinander und kann z. B. im Vorfeld eines Theaterprojektes eingesetzt werden. Grundkenntnisse im Umgang mit dem Tablet werden vorausgesetzt.
Zeitbedarf	8 x 45 Min. bzw. 4 x 90 Min. 8 aufeinander folgende Stunden, 1 bis 2 Stunden pro Woche (Empfehlung: Doppelstunde/90 Minuten)
Medien	**Erarbeitung durch SuS:** • Tablets für L und SuS (je 2 SuS an einem Gerät) (App: Puppet Pals für iOS oder Opera Maker) **Präsentation durch SuS:** Option 1: Tablet, gegebenenfalls Streaminggerät (Apple TV), WLAN, Lautsprecher, Beamer Option 2: Computer/Laptop, Lautsprecher, Beamer, VGA-Kabel
Vorbereitung	• Software auf den Geräten installieren • sich mit der Software vertraut machen
Material	Arbeitsblatt 1 (Aufgaben für SuS), Arbeitsblatt 2 (Übungssammlung für L)
Sozialform	Partnerarbeit, Plenum, Gruppenarbeit

Unterrichtsverlauf

Einstieg	Die L bildet Zweiergruppen für die erste Übung zur Sensibilisierung für Stimme, Sprechausdruck und Körpersprache (AB 1). Die SuS sprechen und spielen den Text in einer selbst erdachten Situation und in verteilten Rollen. Die L und die SuS geben Feedback (AB 1 unten). Die L verdeutlicht, wie wichtig Stimme und Körpersprache für die Botschaft bzw. Interpretation und Rezeption eines gesprochenen Textes sind. Anschließend lernen die SuS fünf Übungen für gutes Sprechen kennen, die von der L angeleitet werden (AB 2 oben). Danach stellt die L die App Puppet Pals vor und zeigt, wie die SuS ihre virtuelle Puppenspielszene aufnehmen können.
Erarbeitung 1	Die L bildet Dreiergruppen für die Gestaltung eines Puppenspiels mit der App. Die SuS wählen selbstständig aus den vorgegebenen Figuren der App Charaktere aus und verteilen die Rollen untereinander. Sie entwickeln spielerisch eine Handlung, können diese optional schriftlich fixieren und nehmen die Szene auf.
Sicherung 1	Die aufgenommenen Filme werden in der Klasse vorgestellt und jedes Team bekommt Feedback (AB 1 unten) von den SuS und der L. Die SuS halten den Text des erarbeiteten Stückes als Hausaufgabe schriftlich fest.
Hinführung	Die L lenkt mit Übungen zur nonverbalen Kommunikation (AB 2 – Handout für L) den Fokus auf Mimik und Gestik.
Erarbeitung 2	Die SuS bauen ihr digitales Puppenspiel zu einem kleinen Theaterstück aus. Sie stellen Figuren und Handlungen nun physisch dar. Dabei können sie Requisiten und auch einfache Kostümierungen verwenden. Der Fokus soll aber auf die stimmlich-gestische Gestaltung des Textes gerichtet sein.
Sicherung 2	Die Theaterstücke werden in der Klasse aufgeführt. SuS und L geben Feedback. Dabei kann die L die Reflexion auf den Vergleich der virtuell/digitalen Szene mit der körperlichen Darstellung durch die SuS lenken: „Was verändert sich für die Zuschauer/Akteure? Welche Darstellungsform gefällt dir besser und warum?“

Name: Datum:

Arbeitsblatt 1 (Aufgaben für Schülerinnen und Schüler)

Einstiegsübung:

Sprecht den Text mit verteilten Rollen. Überlegt euch, wer Charly sein könnte, wer „A“ und „B“ sind, wo dieses Gespräch stattfinden könnte und spielt in entsprechender Stimmung.

Beispiel: *Ihr wollt ins Kino gehen, Charly hat die Karten und kommt nicht.*
Oder: *Zwei Bankräuber („A“ und „B“) warten auf „Charly“, der den Fluchtwagen fahren soll ...*

Wer, wann, wo, wie, Charly?

A: Hast du es schon gehört?
B: Was denn?
A: Charly kommt nicht.
B: Was? Das kann nicht sein. Woher weißt du das?
A: Na, er hat mir vorhin geschrieben, dass er nicht kommt.
B: Aber das gibt's doch gar nicht. Hat er geschrieben, warum er nicht kommt?
A: Nee, nur, dass er nicht kommt.
B: Und hast du noch mal nachgehakt?
A: Nee. Wozu denn?
B: Du hättest ja einfach mal nachhaken können?
A: Meinst du wirklich?
B: Schwamm drüber!

© Ronald Herzog. Nach dem Text von Hans Riebensahm, „Was ist los mit Perlemann?“, in: Klaus Pawlowski u. a.: Jetzt rede ich. Ein Spiel- und Trainingsbuch zur praktischen Rhetorik, Niedersachsen-Druck Bähr: Wolfsburg 1985.

Wie hat dir das Spiel deiner Mitschülerinnen und Mitschüler gefallen? Beachte die Fragen.

Story

Wie hat dir die Geschichte gefallen? Was ist passiert?

Figuren

Hast du die gespielte Figur erkannt? Woran?

Sprechausdruck

Wie hast du Lautstärke, Tempo, Stimmklang, Sprechmelodie, Pausen, Aussprache ... empfunden?
Haben die Art des Sprechens und der Klang der Stimme zur dargestellten Figur/Rolle gepasst?

Körper

Wie hast du Mimik, Gestik, Gang, Haltung ... empfunden?
Hat die Körpersprache zur dargestellten Figur/Rolle gepasst?

Arbeitsblatt 2 (Übungssammlung für Lehrkräfte)

Fünf Übungen für gutes Sprechen

1. Marionette: Ziehe die Schultern hoch, lass sie locker, drücke die Knie durch, lass sie locker, ziehe den „Faden" am Kopf und stehe gerade!
2. Großes Gesicht – kleines Gesicht: Mund und Augen so weit wie möglich öffnen, dann Augen und Mund fest zusammendrücken, fünf- bis zehnmal, jeweils circa fünf Sekunden. Streiche danach deine Wangen aus.
3. Kerze auspusten: Stelle dir eine Kerze vor und puste sie aus: f … f … f. Hole dir dabei die Kraft aus dem Bauch: Beim Auspusten ziehst du den Bauch ein. Wiederhole die Übung fünf- bis zehnmal.
4. Gummitiere kauen: Hhmm! Summe dazu! Das geht auch ohne Gummitiere: Sage z. B. „Mjom!" und stelle dir dabei etwas Leckeres vor.
5. Silbentanz: Laufe locker auf der Stelle und sprich lustige Silben, Wörter oder Gedichte. Spiele mit unterschiedlichen Stimmungen/Gefühlen.

Übungen zur nonverbalen Kommunikation

Mimische Kette

- „Stille Post" mit Mimik und Gestik.
- Reihe: 4–8 Schülerinnen und Schüler stehen hintereinander; die/der Letzte bekommt ein Gefühl (auf Zettel) gezeigt, überlegt sich eine Haltung und zeigt diese der/dem Nächsten.
- Die Person, die ganz vorn in der Reihe steht, spricht das Gefühl laut aus.

Prinz – Prinzessin – Drache

- „Schere – Stein – Papier" mit dem ganzen Körper.
- Zwei Schülerinnen/Schüler oder zwei gleich große Gruppen stehen sich gegenüber und stellen nach kurzer Absprache pro Runde eine Figur dar.
- Die Prinzessin/das Burgfräulein schwingt den imaginären Rock, wackelt mit den Hüften und singt: „Heiti, teiti, tei!" Sie bezirzt/schlägt den Prinzen.
- Der Prinz zieht sein imaginäres Schwert und ruft: „Haa!" Er besiegt den Drachen.
- Der Drache hebt die Arme wie Pranken über den Kopf und schreit: „Rrrraaaahhhh!" Er besiegt die Prinzessin/das Burgfräulein.

Swisch! – Boing! – Pau!

- Zur Aktivierung von Geist und Körper, zur Konzentration, Kommunikation und Stimmerwärmung.
- Die Schülerinnen und Schüler bilden einen Kreis. Es werden drei Kommunikationsoptionen eingeführt:
  1. „Swisch": Wischbewegung zum rechten Nachbarn, im Kreis herum.
  2. „Boing": Arme heben und „Swisch" stoppen, dann Richtungswechsel und weiter mit „Swisch".
  3. „Pau": Auf eine Person zeigen, die nicht neben einem steht. Diese muss mit „Swisch" (nach links oder rechts) oder mit „Pau" reagieren.

Englisch

6 At Home (Lernjahr 2/3)

(von Henriette Dausend)

In Kürze
Die SuS vertiefen ihre Kompetenzen zum Thema „At home“, indem sie mit einem Partnerkind an vier Stationen Aufgaben erarbeiten. An den Stationen nutzen sie das IWB, das Tablet, Audiopens sowie Stift und Papier. Durch diese Medienaufteilung wird es der L ermöglicht, die Gruppen intensiv am IWB zu betreuen, während die Arbeiten am Tablet bzw. mit dem Arbeitsblatt festgehalten und später eingesehen werden können.

Ziele/Kompetenzen	Die SuS vertiefen ihre Kompetenzen zum Thema „At home“. Sie ... • wiederholen bereits gelerntes Vokabular zum Themenfeld „At home“ in neuen Kontexten. • ordnen Bildern die korrekte Bezeichnung zu. • ordnen Gegenstände in verschiedenen Räumen an und erklären die Zusammenhänge. • schreiben Begriffe nach Vorlage auf. • erarbeiten einen Dialog und nehmen diesen auf. • verfassen einen kurzen (mündlichen oder schriftlichen) Text.
Sprachliche Mittel	• zu den Wortfeldern: *at home* • Dialog, Monolog
Einordnung in den Unterricht	Die Einheit „At home“ bietet sich als Vertiefung einer einführenden Einheit oder als weiterführende Einheit im Sinne des Spiralcurriculums an.
Zeitbedarf	2 x 45 Min.
Medien	**Präsentation durch L:** • IWB **Erarbeitung durch SuS:** • 2 Tablets • 8 Audiopens und dazugehörige (Wörter-)Bücher **Alternativ:** Hörtexte (CD, Tablet, Kopfhörer); Wörterbücher oder Wortkarten
Vorbereitung	• Drag & Drop erstellen: Bilder in die Software des IWB einfügen und so formatieren, dass diese nur an bestimmte Stellen geschoben werden können. • Tablet einrichten (SuS können Aufnahmen nicht löschen; App Puppet Pals (iOS) installieren (optional)) • Audiopens aufladen und zusammen mit Büchern auslegen • Worksheets ausdrucken
Material	Worksheets, Stifte
Sozialform	Partnerarbeit, Plenum

Unterrichtsverlauf

Einstieg/ Reaktivierung	Die L zeigt ein (bekanntes) Bild eines Hauses, auf dem verschiedene Räume und Gegenstände zu erkennen sind. Im Gespräch mit den SuS geben diese Informationen Anlass zu folgenden Fragen: • *"What do you see in the picture?"* • *"Which rooms are in the picture?"* • *"What is in the kitchen, living room ...?"* Die L erklärt den SuS, dass sie ihr Wissen nun an vier Stationen vertiefen werden. Nacheinander erklärt sie die Stationen.
Erarbeitung an Stationen	Die SuS erarbeiten die Inhalte von vier Stationen selbstständig mit mindestens einem Partnerkind. 1. **Drag & Drop (IWB):** Die SuS ordnen Gegenstände in die zugehörigen Räume im Haus. Sie benennen die Gegenstände und Räume *("The table is in the kitchen.")*. Die L führt an dieser Station in die Übung ein, hilft bei der Bedienung und leitet die Konversation. 2. **Listen & Take Notes (Audiopen):** Die SuS lesen mithilfe des Audiopens Sequenzen zum Thema „At home" in Wörterbüchern oder Geschichten, die vom Audiopen unterstützt werden. Im Anschluss beschriften sie die Objekte auf dem Worksheet. **Alternativ:** • Sollten keine Audiopens vorhanden sein, können über CD oder Tablet entsprechende Hörtexte abgespielt werden. • Wörterbücher oder Wortkarten in der Klasse bieten Vorlagen zum Lesen und Abschreiben. 3. **Dialogue (Tablet):** Die SuS planen einen Dialog, in dem sie sich gegenseitig ihr Zuhause vorstellen. Diesen nehmen sie mit dem Tablet auf. **Differenzierung:** Die Aufnahme kann sowohl als reine Audiodatei, als Video oder auch als Rollenspiel (z. B.: App Puppet Pals) aufgezeichnet werden. 4. **Monologue (Pen and Paper):** Die SuS zeichnen ihren Lieblingsraum, beschriften Gegenstände darin und verfassen einen kurzen Text, in dem sie den Raum erklären. **Differenzierung:** Der Text kann auch nur mündlich verfasst werden.
Sicherung	Die L zeigt die Aufnahmen ausgewählter SuS am Tablet. Die SuS geben wieder, was in den Dialogen erzählt wird. Je nach Können der SuS kann die L durch konkrete Fragen zu den Inhalten der Aufnahmen das Gespräch lenken. Im Anschluss können die SuS freiwillig ihren Monolog vortragen. Die anderen SuS geben Feedback. Gemeinsam wird das Arbeitsblatt verglichen.

Achtung!

Aufnahmen mit dem Tablet zur Kontrolle des Leistungsstandes nutzen
Die L kann alle Aufnahmen im Nachhinein anhören und sich so einen Eindruck über das Können der SuS in der mündlichen Sprachproduktion machen.

Name: Datum:

Worksheet

Help!
Wenn du ein Wort nicht kennst oder nicht weißt, wie es geschrieben wird, schaue im Wörterbuch nach.

At Home

1. Listen to the stories (with your audiopen).

2. Find the correct words for all the things. Add the word to the picture.

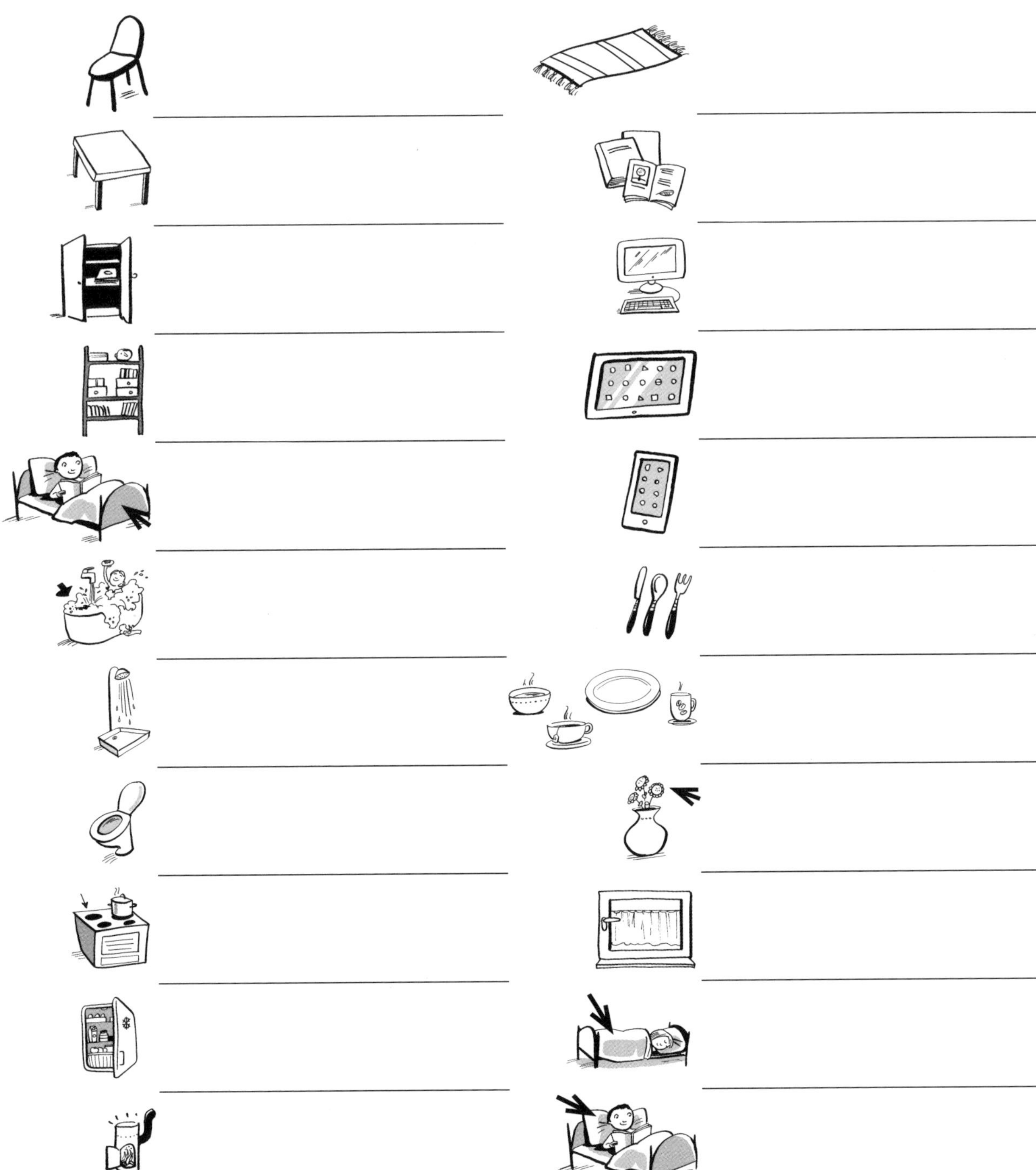

7 Robin Hood: Myth and Mystery (Lernjahr 2–4)

(von Henriette Dausend)

In Kürze
Die Webseite „LearnEnglish Kids“ vom British Council bietet vielfältiges Material (Videos, Audios, Arbeitsblätter, Lernaufgaben, Spiele, Quiz usw.) für Lernende im Alter von sechs bis zehn Jahren. Mit dem PC, IWB, Tablet oder Smartphone lassen sich Videosequenzen von bis zu drei Minuten Länge zu beliebigen Themen abspielen. In der vorliegenden Unterrichtsidee wird gezeigt, wie sich die Materialien zum Thema „Robin Hood“ in eine Unterrichtseinheit zu „Myth and Mystery“ einbinden lassen.

Ziele/Kompetenzen	Die SuS erarbeiten die Geschichte von Robin Hood. Sie ... • verstehen durch Bilder und Animationen unterstützte Beschreibungen von Personen, Orten und Begebenheiten. • entnehmen einer Geschichte die wichtigsten Informationen. • geben Inhalte der Geschichte mündlich und schriftlich wieder. • schreiben eigene Antworten nach Vorlage auf. • tauschen sich mit anderen SuS aus. • begründen, warum Robin Hood ein echter Mensch war oder nur eine Legende ist (in deutscher Sprache).
Sprachliche Mittel	• zu den Wortfeldern: *woods, outlaws, sheriff, clothes* • grammatikalische Strukturen: *simple present, simple past, past perfect* (teilweise nur rezeptiv) • Textsorte: *short story*, Video
Einordnung in den Unterricht	Die Einheit zu Robin Hood kann als kurze für sich stehende Sequenz in den Unterricht eingebaut werden.
Zeitbedarf	2 x 45 Min.
Medien	**Präsentation durch L:** • IWB oder Tablet/PC mit Beamer • Webseite LearnEnglish Kids: http://learnenglishkids.britishcouncil.org/en/short-stories/robin-hood **Erarbeitung durch SuS:** • Tablet, Smartphone
Vorbereitung	• Bilder für den Einstieg vorbereiten (siehe Vorschläge am Ende) • Webseite auf den Tablets verlinken • Nutzung der Smartphones mit den Eltern besprechen
Material	Worksheets
Sozialform	Partnerarbeit, Gruppenarbeit, Plenum

Unterrichtsverlauf

Einstieg/ Reaktivierung	Die L projiziert Bilder eines Geldsacks, von Pfeil und Bogen, eines Reiters und Robin Hoods (siehe Bildvorlagen am Ende) nacheinander an die Tafel. Sie fragt die SuS zu jedem Bild: "*What can you see in the picture?*" Die SuS benennen durch Aufzeigen die Personen und Gegenstände. Die L erklärt: "*Today, we will listen to a story. All pictures give you hints about what is going to happen in the story. What do you think the story is about?*" Die SuS äußern ihre Ideen. Die L hält die Ideen für alle sichtbar an der Tafel fest.
Erarbeitung 1: Vokabular	Die L zeigt den ersten Teil des Videos (*Getting to know Robin Hood*; 0:00–0:49 Min.). Die SuS versuchen der Handlung zu folgen. Die L fragt danach: "*Who is Robin Hood?*" **Differenzierung:** Angepasst an die Kompetenzen der SuS ... • zeigt die L den ersten Teil ein zweites Mal, bevor sie die Frage stellt. • kann Vokabular vorentlastet werden *(seven hundred, invented character, legends, intelligent, humour, skilled archer, bow, arrow, outlaws, nickname, robbed, famous, sheriff, succeeded, centuries, hero, literature, theatre)*. Die SuS beschreiben Robin Hood *(lived long time ago, seven hundred years, very intelligent, had a sense of humour, loved playing tricks on people, skilled archer, carried bow and arrow, green clothes, hat, green feather, lived in Sherwood Forest with a group of outlaws)*. Die L hält die Aussagen der SuS fest. Gemeinsam schauen alle die Sequenz ein weiteres Mal an und vergleichen im Anschluss die Fakten mit ihren ersten Ideen (vgl. Einstieg).
Erarbeitung 2: Vertiefung	Die L verteilt das Arbeitsblatt. Die SuS erarbeiten in Partnerarbeit die weiteren drei Teile des Videos (0:50–1:06 Min.: *Living in Sherwood Forest*; 1:07–2:12 Min.: *Robin's job*; 2:13–2:33 Min.: *Myth?*), indem sie das Video beliebig oft mit dem Tablet/Smartphone abspielen und die Aufgaben auf dem Worksheet beantworten. **Differenzierung:** Können weder Tablets noch Smartphones genutzt werden, wird das Video über einen Beamer/IWB gezeigt. Gemeinsam mit der L bearbeiten die SuS den weiteren Film entsprechend den drei Schritten auf dem Worksheet.
Sicherung	Die L fordert immer zwei Paare auf, sich gegenseitig ihre Ergebnisse vom Worksheet zu präsentieren. **Differenzierung:** Schnell arbeitende Paare können bereits mit dem Vergleichen beginnen, während andere noch am Video arbeiten. Sie können zusätzliche Fragen in der Vierergruppe bearbeiten, wie z. B.: • *Why is Little John called Little John?* • *What does Robin like to play on people?* • *How did people travel seven hundred years ago?* Die Antworten auf die Zusatzfragen können am Ende vorgestellt werden. Besonders spannend ist es, wenn die Gruppen unterschiedliche Zusatzaufgaben erhalten. Im Anschluss an die Vierergespräche werden die Ergebnisse von Task I und II des Worksheet im Plenum besprochen. Die L projiziert die Lösungen für alle sichtbar, und die SuS korrigieren ihre Aufzeichnungen gegebenenfalls. Abschließend stellen die Gruppen nacheinander ihre Ideen zu Task III vor. Im Plenum wird diskutiert (auf Deutsch), ob Robin Hood ein echter Mensch war oder nur eine Legende ist.

Achtung!

Keine Internetverbindung in der Schule?
Das Video wird direkt von der Seite des British Council gestreamt, sodass ein Internetzugang für jedes zu nutzende Gerät vorhanden sein muss. Nutzen die SuS Smartphones, kann der Zugang über das mobile Datenvolumen ermöglicht werden. Hierzu sind Absprachen mit den Eltern zu treffen.
Die Webseite bietet auch andere Geschichten, die vor dem Unterricht per App (LearnEnglish Kids: Videos) auf Tablets und Smartphones geladen und im Unterricht offline abgespielt werden können.
Geschichten wie "Little Red Riding Hood", "Jack and the Beanstalk", "Goldilocks and the Three Bears" und viele mehr, enthalten zudem Untertitel auf Englisch (wenn sie per App abgespielt werden) und können auf diese Weise in den Unterricht integriert werden.

Zusätzliches Material
Der British Council stellt auf seiner Website auch eine geschriebene Version der Robin Hood-Geschichte sowie weitere Aufgaben und Lösungsblätter zur Verfügung.

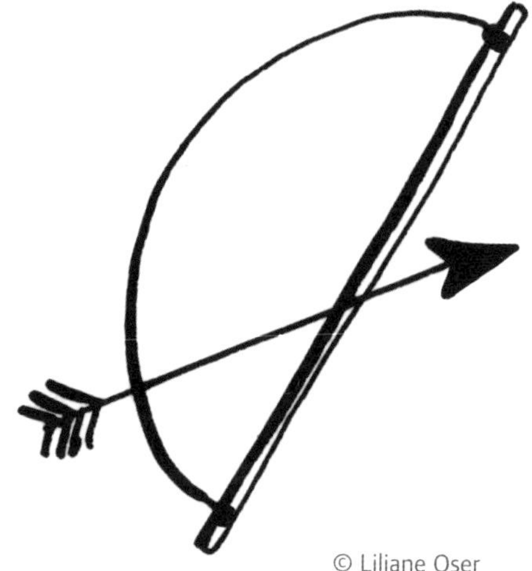

Name: Datum:

Worksheet

Robin Hood: Myth and Mystery

Watch the rest of the video with a partner. Finish the following tasks.

Task I: Living in Sherwood Forest (0:50–1:06 min)

Who lives with Robin in Sherwood Forest? Listen and draw everyone on an extra sheet of paper. Write down the name of each person.

Task II: Robin's job (1:07–2:12 min)

Answer the following questions.

Help: vocabulary
- to keep the woods safe
- to make sure that nobody stole the king's deer
- to take money from the rich people
- to give money to the poor people

What is Robin's job? ______________________

____

____

____

What is the sheriff's job? ______________________

____

____

____

Why were forests dangerous at that time?

____

____

____

Task III: Myth? (2:13–2:33 min)

I think Robin Hood ☐ was a real person. ☐ is a legend.
Please, write down: Why do you think he is a real person/a legend?

____

____

____

____

Sachunterricht

8 Was müssen das für Bäume sein … (Klasse 2/3)

(von Leena Bröll)

In Kürze
Buche, Linde, Ahorn – wie war das noch einmal mit der weißen Rinde, den gezackten oder gebuchteten Blatträndern, den unterschiedlichen Früchten? Bäume sehen wir jeden Tag, sei es an der Straße auf dem Weg zur Arbeit oder Schule, sei es im Wald beim Spaziergang. Aber ein Bestimmungsbuch tragen die wenigsten von uns täglich mit sich herum, ein Smartphone oder Tablet allerdings schon. Mit der App „Die Waldfibel" erfahren die SuS digital unterstützt eine Menge Wissenswertes über Bäume und den Lebensraum Wald – und können den Lernort damit leicht nach draußen verlegen.

Ziele/Kompetenzen	Die SuS bewegen sich an der frischen Luft im Wald und recherchieren in Partnerarbeit selbstständig Informationen über Bäume. Sie … • verschaffen sich einen Überblick über unterschiedliche Baumarten. • recherchieren Besonderheiten über die bestimmten Bäume mittels Tablet/Smartphone. • halten ihre Ergebnisse schriftlich auf dem Arbeitsblatt fest. • stellen eine ausgewählte Baumart der Klasse vor.
Einordnung in den Unterricht	Im Unterricht wurde im Vorfeld das Thema „Bäume" am Beispiel von Nadelbäumen bearbeitet. Als Weiterführung werden nun die Laubbäume betrachtet. Das Ziel ist, dass die SuS fünf unterschiedliche Laubbäume erkennen und unterscheiden können.
Zeitbedarf	3 x 45 Min. (Lerngang: 2 x 45 Min.; Auswertung: 1 x 45 Min.)
Medien	**Erarbeitung durch SuS:** • Tablet/Smartphone (App: Die Waldfibel für Android und iOS) **Variante:** Baumbestimmungsbuch oder Online-Broschüre „Entdecke den Wald – Die kleine Waldfibel" (erhältlich auf der Internetseite des Bundesministeriums für Ernährung und Landwirtschaft)
Vorbereitung	• App auf den zur Verfügung stehenden Geräten installieren • sich mit den Funktionen der App vertraut machen • Lerngang bei der Schulleitung genehmigen lassen und Eltern informieren (eventuell Begleitung für den Lerngang finden) • SuS bitten, Schreibunterlage (Klemmbrett o. Ä.) für den Lerngang mitzubringen
Material	Arbeitsblatt, Stifte, Schreibunterlage (Klemmbrett o. Ä.)
Sozialform	Partnerarbeit, Plenum

Unterrichtsverlauf

Einstieg/ Reaktivierung	Da es sich um einen Lerngang handelt und die SuS im Vorfeld darüber informiert worden sind, entfällt ein herkömmlicher Einstieg. Die SuS wandern mit der L an den Waldrand. Die L wiederholt die bereits in der Stunde zuvor besprochene Aufgabe für alle SuS noch einmal (siehe AB).
Erarbeitung/ Lerngang	Die SuS betrachten die unterschiedlichen Bäume am Waldrand bzw. im Wald. Sie informieren sich mithilfe der Waldfibel über die Bäume im Wald und übertragen diese Informationen auf den Wald, in dem sie sich befinden. Die SuS entscheiden sich für eine Baumart, mit der sie sich näher beschäftigen möchten. Zur Ergebnissicherung bearbeiten die SuS das Arbeitsblatt. **Differenzierung:** • Die Klasse teilen, eine Hälfte recherchiert mithilfe der App, die andere mithilfe des Bestimmungsbuches. • Die SuS wählen aus, ob sie mit der App oder einem Bestimmungsbuch arbeiten möchten. • Die SuS bearbeiten zwei Baumarten, die erste mit der App und die zweite mit dem Bestimmungsbuch.
Auswertung/ Ergebnissicherung	Die L fordert die SuS in einem Stuhlkreis auf, den Lerngang Revue passieren zu lassen. Wer den Gesprächsball hat, darf einen selbst gewählten Aspekt (Gedanke, Gefühl, Frage ...) zum Lerngang ansprechen. Danach hängen die SuS ihre bearbeiteten Arbeitsblätter für alle sichtbar auf. Gemeinsam werden diese nach den einzelnen Baumarten sortiert. Alle SuS, die sich für die gleiche Baumart entschieden haben, bilden eine Expertengruppe und diskutieren, warum sie sich für den jeweiligen Baum entschieden und was sie über ihn herausgefunden haben. Dann bestimmen sie ein Mitglied der Gruppe, das den Baum im Plenum vorstellt. Anschließend werden Gemeinsamkeiten und Unterschiede der einzelnen Baumarten erarbeitet. **Differenzierung:** Wenn mit unterschiedlichen Medien (App und Buch) gearbeitet wurde, können die Erfahrungen der SuS aufgegriffen und thematisiert werden (Probleme bei der Handhabung, Informationsgehalt, Darstellung der Informationen. War das Medium motivierend? War es interessant, damit zu arbeiten?).

Achtung!

Kein Lerngang möglich?
Manchmal ist es aus organisatorischen Gründen nicht möglich, einen Lerngang in den Wald zu unternehmen. Leicht abgewandelt lässt sich die Unterrichtssequenz auch im Klassenzimmer durchführen. Dafür müssen ästhetisch ansprechende, aussagekräftige Bilder von Bäumen zusammengestellt werden, eventuell ist es auch möglich, Blätter und Früchte zu sammeln. Mit einer guten Materialzusammenstellung steht einer Bestimmung im Klassenraum nichts im Weg. Außerdem bietet die App „Die Waldfibel" zahlreiche Extra-Features wie Tierstimmen oder ein Waldquiz, die auch im Klassenzimmer ein vielfältiges Entdecken und Erarbeiten zulassen.

Nur wenige Tablets/Smartphones zur Hand?
Wenn nur wenige digitale Medien zur Verfügung stehen, arbeiten einige SuS mit dem Tablet/Smartphone und andere mit dem Bestimmungsbuch. Nach einiger Zeit kann getauscht werden, sodass jedes Kind beide Medien kennenlernt.

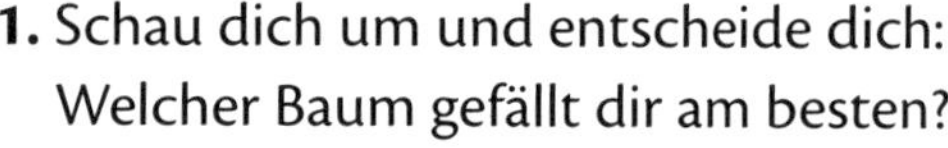

Name: Datum:

Arbeitsblatt

Mein Lieblings-Laubbaum

1. Schau dich um und entscheide dich:
Welcher Baum gefällt dir am besten?

2. Zeichne ihn ab.

3. Nimm dein Tablet/Smartphone und versuche, den Baum zu bestimmen. „Die Waldfibel" hilft dir dabei.

Mein Lieblingsbaum ist ______________________ .

4. Warum gefällt dir dieser Baum am besten?

____

____

____

5. Informiere dich genauer über deinen Lieblingsbaum. Was hat er für Blätter? Wie sieht seine Rinde aus? Wie fühlt sie sich an? Welche Früchte trägt er? Wie hoch wird er? Gibt es sonst noch etwas, was man über deinen Lieblingsbaum wissen sollte?

Notiere die Ergebnisse deiner Recherche (so nennt man es, wenn man sich Informationen über etwas beschafft).

____

____

____

____

____

____

____

____

9 Mobilität mobil erarbeiten: Geocaching im Unterricht (Klasse 3/4)

(von Leena Bröll/Annegret Stöcker)

In Kürze
Mobilität muss heutzutage als eines der zentralen Grundbedürfnisse der Menschen verstanden werden. Wir möchten uns frei bewegen, komfortabel von A nach B reisen, die Welt entdecken. Die SuS sollen Mobilität in der Umgebung der Schule sowie an dem Ort, in dem sie wohnen, erleben. Geocaching als eine Art moderne Schnitzeljagd lässt die SuS sich mittels GPS-Daten in einem abgesteckten Areal bewegen. GPS-Geräte ermöglichen es, das Thema „Mobilität im Wandel der Zeit" handlungsorientiert und mobil zu erarbeiten.

Ziele/Kompetenzen	Die SuS bewegen sich an der frischen Luft und erarbeiten wichtige Aspekte zum Thema „Mobilität". Sie ... • erlangen Wissen über die historische Entwicklung der Mobilität. • lernen wichtige Aspekte über den motorisierten und nicht motorisierten Individualverkehr. • trainieren die Orientierung in ihrem Lebensraum. • arbeiten in der Gruppe und trainieren Sozial- und Kommunikationskompetenz.
Einordnung in den Unterricht	Im Kontext des Lernbereichs „Orientierung in Raum und Zeit" werden die vier Himmelsrichtungen kennengelernt, und eine Orientierung über diese vier Richtungsangaben wird eingeübt. Zum Abschluss einer solchen Unterrichtseinheit bietet sich ein Orientierungslauf mithilfe von GPS-Daten an. Dieser Orientierungslauf bietet zugleich eine Überleitung zum nächsten Thema: Mobilität im Wandel der Zeit. Die SuS erhalten erste Informationen, die im weiteren Unterrichtsverlauf vertieft werden können.
Zeitbedarf	3–4 x 45 Min. (je nach gewählter Laufdistanz)
Medien	**Präsentation durch L:** • GPS-Gerät (GPS-Geräte können oftmals in der Touristeninformation oder in Kreismedienzentren gegen ein geringes Entgelt ausgeliehen werden) **Erarbeitung durch SuS:** • GPS-Geräte
Vorbereitung	• Arbeitsblatt auf lokale Gegebenheiten anpassen • GPS-Geräte ausleihen und sich mit dem Gebrauch dieser Geräte vertraut machen • Lerngang bei der Schulleitung genehmigen lassen und Eltern informieren • Stationenblätter laminieren und am entsprechenden Wegpunkt hinterlegen • Strecke mithilfe der GPS-Daten noch einmal selbst testweise ablaufen
Material	Arbeitsblatt, Kopiervorlage für Stationenblätter
Sozialform	Gruppenarbeit, Plenum

Unterrichtsverlauf

Einstieg	Die L wiederholt mit den SuS die vier Himmelsrichtungen sowie den Kompass als Instrument zur Orientierung, indem sie einen Stuhlkreis bildet und einen Kompass als stummen Impuls zeigt. Die SuS äußern sich frei.
Erarbeitung 1: Funktionsweise der App bzw. der GPS-Geräte	Die L erklärt den SuS, dass heutzutage eine Orientierung im Raum über Satelliten und GPS-Daten stattfindet. Diese Art der Ortsbestimmung ist sehr genau und wird deshalb beispielsweise auch bei Navigationsgeräten im Auto verwendet. Danach präsentiert die L den SuS ein GPS-Gerät und erklärt die für die Stunde relevante Funktion.
Erarbeitung 2: Geocaching-Tour	Die SuS bilden Gruppen zu dritt/viert. Sie starten ihren Lauf, indem sie mithilfe der vorgegebenen GPS-Daten auf dem Arbeitsblatt die einzelnen Wegpunkte aufsuchen. An den Wegpunkten angekommen, lesen sie die Informationstexte und informieren sich über das Thema „Mobilität im Wandel der Zeit". Insgesamt treffen die SuS auf Wegpunkte zu den Themen: Mobilität zu Fuß, Mobilität mit der Kutsche, Mobilität mit dem Fahrrad, Mobilität mit dem Auto und Mobilität mit dem Bus/ÖPNV. **Alternativen:** 1. Wenn man keine weiteren Aufsichtspersonen zur Verfügung hat, sollten die einzelnen Wegpunkte auf dem Schulgelände sein. Trotzdem muss man darauf achten, dass sie weit genug auseinander liegen, da die Exaktheit vieler GPS-Geräte nicht auf den Meter genau gegeben ist. 2. Wenn alle SuS den gleichen Weg ablaufen, kann man die Reihenfolge der Wegpunkte auf den einzelnen Gruppenarbeitsblättern variieren, damit alle SuS gleichzeitig starten können. 3. Stehen keine weiteren Aufsichtspersonen zur Verfügung, kann die L die Tour auch mit der Klasse gemeinsam ablaufen. Damit die Aktivität der einzelnen Gruppen nicht zu gering wird, arbeitet trotzdem jede Gruppe mit ihrem eigenen Gerät. An den einzelnen Wegpunkten liest dann ein Schüler den Text der Klasse vor.
Sicherung	Im Anschluss an die Tour erstellen die SuS in ihrer Gruppe eine Mindmap mit fünf Hauptästen, in die sie die Informationen der einzelnen Stationen eintragen. Mithilfe dieser Mindmaps wird die Geocaching-Tour ausgewertet, indem die L an der Tafel eine große Mindmap erstellt, in die sie die Informationen der SuS überträgt. Außerdem bieten die Mindmaps eine Grundlage, wenn das Thema „Mobilität im Wandel der Zeit" vertieft behandelt wird.

Achtung!

Im Vorfeld müssen die einzelnen Wegpunkte von der L aufgesucht und die GPS-Koordinaten bestimmt werden. Bei der Wahl der Wegpunkte muss darauf geachtet werden, dass die SuS diese sicher aufsuchen und sich dort ungefährdet aufhalten können. Ein Bürgersteig an einer viel befahrenen Straße wäre als Wegpunkt beispielsweise ungeeignet.

Name: Datum:

Arbeitsblatt

Mobilität im Wandel der Zeit – wir sind selbst mobil:

Die Geocaching-Tour

Geht in Gruppen zusammen.

Arbeitsauftrag:
Geht nacheinander zu den fünf Wegpunkten. Sucht dort immer das jeweilige Informationsblatt, lest es euch gut durch und versucht, euch so viele Informationen wie möglich zu merken. Hinterlasst das Informationsblatt dort, wo ihr es auch gefunden habt, damit die anderen Gruppen es auch finden und lesen können.

Alles klar? Dann geht es jetzt los …

Ihr steht jetzt im Klassenzimmer. Bestimmt die Koordinaten mithilfe eures GPS-Geräts.

Breitengrad (North) ____________________

Längengrad (East) ____________________

Sucht den **ersten Wegpunkt** auf.

1 N ____________________
E ____________________

Sucht den **zweiten Wegpunkt** auf.

2 N ____________________
E ____________________

Sucht den **dritten Wegpunkt** auf.

3 N ____________________
E ____________________

Sucht den **vierten Wegpunkt** auf.

4 N ____________________
E ____________________

Sucht den **fünften Wegpunkt** auf.

5 N ____________________
E ____________________

Findet zurück **ins Klassenzimmer**.

6 N ____________________
E ____________________

Kopiervorlage: Stationenblätter

Mobilität zu Fuß

Archäologen haben in Afrika Hinweise darauf gefunden, dass dort die ersten „modernen" Menschen (homo sapiens sapiens) vor etwa 200 000 Jahren lebten. Von hier aus haben sie sich auf der ganzen Welt verteilt. Wie haben sie das gemacht? In der Steinzeit gab es noch keine Fahrräder oder Autos und auf Pferden zu reiten, ist wahrscheinlich erst viel später möglich gewesen. Die Menschen sind also zu Fuß unterwegs gewesen. Sie waren Jäger und Sammler. Darum schlichen sie zu Fuß durch Wälder, um dort nach Tieren zu jagen. Oder sie spazierten über Wiesen und Wälder, um nach Beeren und anderen Früchten zu suchen. Manchmal mussten sie sehr weit gehen, um Nahrung zu finden. So haben einige Afrika verlassen und sind dann zum Beispiel auf den Kontinent Europa gekommen. Ein ganz berühmter Steinzeitmensch ist „Ötzi", dessen Mumie 1991 in den Alpen gefunden wurde. Wissenschaftler konnten herausfinden, dass er Schuhe aus Bärenfell getragen haben muss, als er durch dieses riesige Gebirge gewandert ist. In manchen armen Ländern müssen die Menschen auch heute noch weite Wege gehen, um zum Beispiel eine Wasserquelle zu erreichen oder zur Schule zu gehen.

Mobilität mit der Kutsche

Nachdem das Rad erfunden worden war, gab es ganz neue Möglichkeiten der Fortbewegung für die Menschen. In der Antike, ungefähr 200 n. Chr., bewegten sich die Römer mit sogenannten gefederten Reisewagen fort. Diese waren nicht nur zum Transport der Menschen im riesigen Römischen Reich gut, sondern auch für den Handel. So konnten viele Güter über weite Strecken transportiert und dann verkauft werden. Gegen Ende des Mittelalters, also um 1500, waren die Kutschen weiterentwickelt. Irgendwann waren sie das wichtigste Fortbewegungsmittel der Menschen in Europa. Bekannt sind heute noch die Postkutschen, die sogar als öffentliches Verkehrsmittel, ähnlich wie heute Busse, eingesetzt wurden. Auch Könige und Fürsten nahmen gerne die Kutsche. In Kutschenzügen, also in ganz vielen Kutschen, die hintereinander fuhren, ließen sie ihren gesamten Hofstaat von Pfalz zu Pfalz transportieren. Ihre Kutschen waren nicht nur Fortbewegungsmittel, sondern auch Zeichen ihres Reichtums, so schön waren sie geschmückt.

Kopiervorlage: Stationenblätter

Mobilität mit dem Fahrrad

1817 wurde das Laufrad von dem Deutschen Freiherr Karl Friedrich von Drais erfunden. Es konnte schneller fahren als die Postkutsche und man brauchte keine Pferde, um sich fortzubewegen. Deswegen war die Erfindung sehr beliebt. Erst einige Jahre später wurde der erste Vorgänger unseres heutigen Fahrrads erfunden. Jetzt konnte man in die Pedale treten, musste sich aber anstrengen, die Balance zu halten. Die Räder waren viel größer als die eines Fahrrads von heute, und die Menschen trauten sich anfangs gar nicht, die Füße vom Boden zu heben und sich ganz auf das Fahrrad zu verlassen. Aber die Beliebtheit dieses Fortbewegungsmittels nahm immer mehr zu. Dafür brauchte man schließlich kein Futter wie für ein Pferd oder Benzin wie für Automobile. Darum war das Fahrrad billig und für jedermann ein gutes Fortbewegungsmittel. Die Menschen pendelten damit von ihren kleinen Häusern in die Fabriken und machten an freien Tagen einen Ausflug an den Stadtrand. Frauen wurden am Anfang aber nicht gern auf Fahrrädern gesehen, denn man hielt das Fahrradfahren für unweiblich.

Mobilität mit dem Auto

Als Erfinder des ersten Automobils gilt Carl Benz. Er hat es sozusagen geschafft, einen Motor in eine Kutsche einzubauen. Damit konnte die Kutsche ganz ohne Pferde fahren. Diese Erfindung entwickelte sich sehr schnell weiter. Mit dem Auto legen Menschen heute viele Wege zurück. Manche fahren damit jeden Tag zur Arbeit, andere nur zum Einkaufen um die Ecke. Sogar in den Urlaub kann man damit fahren, denn es hält weite Strecken durch. Das Auto hat aber nicht nur Vorteile. Immer wieder passieren Unfälle, vor allem, weil manche zu schnell fahren und dann die Kontrolle über ihr Auto verlieren. Außerdem trägt es zur Umweltverschmutzung bei. Deswegen wird auch heute noch immer weiter an Autos geforscht. Die neuste Erfindung ist das Elektroauto. Es fährt mit Strom und braucht kein Benzin oder Diesel mehr als Antriebsstoff.

Mobilität mit dem Bus/ÖPNV

Die ersten öffentlichen Verkehrsmittel, mit denen man von einem Ort zum anderen gebracht werden konnte, waren Postkutschen. Die Fahrt war sehr holprig und auch nicht besonders schnell, aber es war besser als zu laufen. Im 19. Jahrhundert wurde dann die Eisenbahn erfunden. Sie ermöglichte es vielen Menschen, ganz weite Strecken zurückzulegen. Mit der Erfindung des Automobils kam aber 1895 auch der erste Omnibus zum Einsatz. Bis heute ist er ein wichtiges Fortbewegungsmittel vor allem für kürzere Strecken. Das Gute an Bussen ist, dass damit meistens viele Menschen auf einmal befördert werden und nicht, wie in manchen Autos, nur eine Person. Darum ist es umweltfreundlicher mit dem Bus zu fahren, anstatt das Auto zu benutzen, auch wenn es manchmal etwas länger dauert.

Sachunterricht

10 Interaktive Schnitzeljagd (Klasse 2–4)

(von Marcel Krippner)

In Kürze
Die Schnitzeljagd ist nicht nur Klassiker auf Kindergeburtstagen, sie kann auch im Rahmen von Unterrichtsvorhaben pädagogisch sinnvoll eingesetzt werden. Zum Beispiel bietet die App Actionbound vielseitige Möglichkeiten (auch fächerverbindend/-übergreifend), eine Schnitzeljagd (Bound) am PC/Laptop im Rahmen der Unterrichtsvorbereitung zu erstellen. SuS können so ihre Umwelt neu erkunden, spannende und wissenswerte Informationen entdecken und ihr eigenes Vorwissen über lokale Geschichte, Natur, Politik, Geografie, Technik usw. vertiefen und erweitern.

Ziele/Kompetenzen	Die SuS erleben exemplarisch und aktiv den Prozess der Mediennutzung und lernen vielseitige Hintergründe der lokalen Umwelt kennen. Sie ... • verschaffen sich einen Überblick über gesellschaftlich, historisch, natürlich, geografisch oder auch politisch bedeutsame Orte der Umgebung. • lernen wesentliche Informationen zu lokalen Gegebenheiten und Besonderheiten. • nutzen ihr Vorwissen (auch aus anderen Fächern), um die Fragen, Rätsel und Aufgaben zu beantworten bzw. zu lösen. • erweitern ihre Fach-, Medien-, Sozialkompetenzen.
Einordnung in den Unterricht	Die interaktive Schnitzeljagd eignet sich als vertiefte Beschäftigung mit der eigenen Schul- und Lebensumgebung. Im Vorfeld sollten Grundlagen zur lokalen Lebenswelt (z. B. öffentliche Einrichtungen, markante Punkte, Lagebeziehungen, Orientierung, Verhalten im Straßenverkehr) sowie im Umgang mit Tablets/Smartphones gelegt werden. Im Anschluss an die Einheit kann das erlernte Wissen im Umgang mit der App auf weitere Themen/Bounds (z. B. literarische Spurensuche, mathematische Formen in der Stadt, Straßennamen und deren Bedeutung usw.) übertragen und/oder die Auseinandersetzung mit den thematisierten Bereichen der Region vertieft werden. Sehr medienaffine SuS können sich auch selbst an der Erstellung eines themenbezogenen Bounds versuchen.
Zeitbedarf	2 x 45 Min. (gegebenenfalls auch mehr)
Medien	**Präsentation durch L:** • IWB, Laptop/PC/Beamer (z. B. Google Maps, Google Street View, Actionbound, Recherche/Auswahl von Informationen zu lokalen Gegebenheiten) • Tablet/Smartphone (z. B.: App Actionbound für iOS und Android) **Erarbeitung durch SuS:** • Tablet/Smartphone (z. B.: App Actionbound)
Vorbereitung	• sich mit der App vertraut machen, öffentliche Bounds anderer Nutzer (siehe App-Homepage) selbst durchführen • sich mit der Website vertraut machen, zwei oder mehrere digitale Schnitzeljagden vorab erstellen und testen • vorab erstellte Schnitzeljagden auf den SuS-Tablets speichern • Möglichkeiten zur Differenzierung überlegen und entsprechende Materialien erstellen (Arbeitsblätter, Lückentexte, Kreuzworträtsel usw.)
Sozialform	Gruppenarbeit, Plenum

Unterrichtsverlauf

Einstieg	Die L aktiviert das Vorwissen der SuS, indem sie mit ihnen über Schnitzeljagden und Geocaching ins Gespräch kommt. Hier eigenen sich u. a.: • Impulsfrage, Brainstorming, Mindmap, Sitzkreis • freie Assoziationen zu einem Bild • Städtequiz (z. B. Bildausschnitte von markanten Gebäuden/Plätzen präsentieren und SuS Vermutungen dazu anstellen lassen) • Präsentation eines themenbezogenen Hörspiels, Videos usw. • Schulbuchtexte • Vorstellung der App und Präsentation der wesentlichen Funktionen (Grundverständnis über die Nutzung von Tablets sollte vorhanden sein)
Erarbeitung 1: App kennenlernen	Nach der Kurzvorstellung der App Actionbound teilt die L die SuS in leistungsheterogene Gruppen ein und gibt jeder Gruppe ein Tablet. Die Gruppen erhalten den Auftrag, eine von der L vorbereitete und auf den Tablets gespeicherte Test-Schnitzeljagd innerhalb des Schulgeländes durchzuführen. Die Lehrkraft begleitet die Gruppen und gibt Hilfestellungen. Im Anschluss werden im Klassenraum Fragen und Meinungen zusammengetragen und gemeinsam geklärt.
Erarbeitung 2: Schnitzeljagd durchführen	Nun machen sich die Gruppen an die Durchführung der von der L erstellten eigentlichen Haupt-Schnitzeljagd. Die Gruppen gehen dazu in frei wählbarer Reihenfolge an die geplanten Orte und lösen die vorgegebenen Aufgaben, z. B.: • Zielorte durch GPS, Kompass, Karten oder Hinweise suchen und finden • Informationsseiten mit Texten, Videos, Bildern, Audiodateien zu den Orten lesen, anschauen, anhören • Quizfragen beantworten und Punkte sammeln (hier können z. B. Schätzfragen, Multiple-Choice-Fragen, Sortieraufgaben gestellt, Zeitvorgaben gegeben und auch Lösungshinweise eingeblendet werden) • Fotos/Videos vom Ort aufnehmen • QR-Codes finden und scannen (und dafür Punkte erhalten) • kreative Aufgaben lösen (z. B. einen typischen Gegenstand des Ortes mitnehmen) • Umfragen unter allen Teilnehmern (z. B.: Welches der genannten Gebäude ist am ältesten?) • Turniere innerhalb der Gruppen abhalten (z. B.: Wer sammelt die meisten verschiedenartigen Baumblätter?) **Differenzierung** • Einige der Stationen und entsprechende Aufgaben können fakultativ angelegt werden (z. B. können bei linearer Reihenfolge Sonderstationen gelöst werden). • Der Schwierigkeitsgrad der Aufgaben kann variabel angelegt werden (z. B. durch den Wechsel von einfachen und komplexen Informationstexten/Aufgabenstellungen).

Sicherung	Am Ende der Schnitzeljagd werten die SuS die einzelnen Aufgaben gemeinsam mit der L aus. Actionbound bietet hierfür eine Funktion, bei der die Ergebnisse der einzelnen Aufgaben und der erreichten Punkte jeder Gruppe im Nutzerkonto des Autors auf actionbound.com sichtbar werden (durch Upload von jedem genutzten Tablet, dazu muss im Klassenraum WLAN zur Verfügung stehen). Zudem initiiert die L ein Gespräch (z. B. Gesprächskreis, Feedbackrunde) über die Erfahrungen der SuS. **Differenzierung:** Vertiefend können die Erfahrungen durch Poster/Collagen, das Vervollständigen von Lückentexten oder Kreuzworträtseln (zu Letzteren gibt es kostenlose Tools im Internet) festgehalten werden.

Achtung!

Aufsichtspflicht

Wie bei sämtlichen Aktivitäten muss auch bei einer solchen Rallye die Aufsichtspflicht gewahrt bleiben. In der Grundschule empfiehlt es sich, eine solche Schnitzeljagd zuerst auf dem Schulhof oder im Schulgarten durchzuführen bzw. in geplante außerschulische Aktivitäten, zu denen weitere Aufsichtspersonen sowieso einzuplanen sind, zu integrieren (Wandertage, Schulfahrten usw.).

Umgang mit Tablets/Smartphones

Auch der Umgang mit den Tablets/Smartphones sollte vorab geübt und die Geräte mit schützenden Hüllen versehen werden. Vor allem sollte darauf geachtet werden, dass die Aufmerksamkeit der SuS nicht nur auf die Tablets/Smartphones gerichtet ist, sondern auch der Umgebung gilt, in der sie sich bewegen (vor allem bei Ortswechsel: Rücksicht auf Verkehr und andere Menschen).

Nützliche Tipps für die Internetrecherche

Auf diesen Seiten finden Sie u. a. Ideen, Bewertungen, Empfehlungen, Anleitungen und Tipps zur App und deren Verwendung.

- der Blog „Medienpädagogik Praxis-Blog“
- der Verein „Internet-ABC e. V.“
- das Bildungsportal „edugroup“ der Education Group Gemeinnützige GmbH

Sachunterricht

11 Hörspiel „Unser Schulweg" (Klasse 2–4)

(von Marcel Krippner)

In Kürze
Die SuS gestalten ein Hörspiel über ihren Schulweg und erleben diesen auf eine neue Weise, indem sie auditive Reize aufnehmen und verarbeiten. Dabei vertiefen und erweitern sie ihr Wissen über lokale Gegebenheiten, Routen, Entfernungen, markante Orte und deren Geräusche (z. B. Produktionsstätten, Unternehmen, Sportanlagen, Spielplätze, Kirchen, Kitas, Flüsse, Parkanlagen, Märkte, Kreuzungen, Ampelanlagen, öffentliche Verkehrsmittel), trainieren ihre Orientierung und nutzen Elemente des subjektiven Kartografierens. Gleichzeitig wird dabei die Bedeutung der auditiven Wahrnehmung herausgestellt. Die Geräusche werden von der L auf einfache und intuitive Weise mit einem Schnittprogramm zusammengefügt (zahlreiche Video-Tutorials im Internet verfügbar).

Ziele/Kompetenzen	Die SuS gestalten selbst eigene Hörspiele, erleben exemplarisch und aktiv den Prozess der Medienproduktion und lernen Geräusche des Alltags auf eine neue Weise kennen. Sie ... • verschaffen sich einen Überblick über vorhandene Gebäude, Einrichtungen und Infrastrukturen in ihrer Umgebung. • recherchieren mögliche Schulwege sowie typische Geräusche auf dem Weg zur Schule. • erstellen ein Drehbuch mit Sprechtexten und nehmen eigene Hintergrundgeräusche auf. • nehmen das Hörspiel auf und präsentieren das Ergebnis in der Klasse.
Einordnung in den Unterricht	„Unser Schulweg" eignet sich als vertiefende Beschäftigung mit der eigenen Schul- und Lebensumgebung. Im Vorfeld sollten Kenntnisse über öffentliche Einrichtungen, Verkehrswege und Orientierungsmöglichkeiten erworben werden. Im Anschluss an die Einheit kann das erlernte Wissen zur Medienproduktion auf neue Themen (z. B. Zoobesuch, Mittelaltermarkt, Sportverein usw.) übertragen oder die Auseinandersetzung mit der Region auf wirtschaftliche, kulturelle, historische und/oder landschaftliche Bereiche erweitert werden.
Zeitbedarf	5 x 45 Min.
Medien	**Präsentation durch L:** • IWB, Laptop/PC/Beamer (z. B. Google Maps, Google Street View, Windows Movie Maker, Audacity) • Mikrofon **Erarbeitung durch SuS:** • Tablet/Smartphone (z. B. Windows Movie Maker, Audacity) • Computer (z. B. Recherche/Auswahl/Download von Geräuschen, Aufnahme von nachgemachten Geräuschen)
Vorbereitung	• Websites mit relevanten Geräuschen auswählen (siehe Vorschläge am Ende) • eventuell Audioschnittprogramm auf Geräten installieren (z. B. Windows Movie Maker, Audacity) • sich mit Google Maps/Street View und dem genutzten Audioschnittprogramm vertraut machen
Material	Arbeitsblatt
Sozialform	Gruppenarbeit, Plenum

Unterrichtsverlauf

Einstieg	Die L aktiviert bereits bestehendes Vorwissen der SuS in Bezug auf das Thema, indem sie mit ihnen ins Gespräch kommt sowie visuellen und/oder auditiven Input gibt. Hier eignen sich u. a.: • Impulsfrage, Brainstorming, Mindmap, Sitzkreis • freie Assoziationen zu Bildern des Ortes, wie z. B. von markanten Einrichtungen • Geräuschequiz (ausgewählte Geräusche präsentieren und Kinder Vermutungen dazu anstellen lassen) • themenbezogenes Hörspiel • Schulbuchtexte
Erarbeitung 1: Schulweg nachzeichnen	Die L teilt die SuS in Gruppen ein (z. B. nach dem jeweiligen Wohnort/Ortsteil/Wohngebiet), sodass die Gruppenmitglieder einen ähnlichen Schulweg haben. Die Gruppen erhalten den Auftrag, jeweils eine subjektive Karte ihres Schulweges auf Papier anzufertigen (alternativ können dafür auch Programme/Apps verwendet werden, wie z. B. Paint (Windows), SketchBook (Android, iOS)). Diese sollte die für die SuS markanten, bedeutsamen Orientierungspunkte enthalten. Sie greifen dabei auf individuelle Erfahrungen und Erlebnisse zurück und tragen diese in der Gruppe zusammen. In einem zweiten Schritt können die Gruppen ihre Karten mithilfe von Tablets/Laptops und einer Kartenanwendung (z. B. Google Maps, Google Street View) abgleichen und möglicherweise weitere Orientierungspunkte ergänzen. Dies kann zeichnerisch oder auch collagenartig geschehen (für Letzteres sollte die Möglichkeit bestehen, Bilder oder Screenshots einzubinden).
Erarbeitung 2: Hörspiel erstellen	Es folgt die Erstellung des Hörspiels. Innerhalb der Gruppen werden dazu unterschiedliche Arbeitsaufträge vergeben: • Recherche und Auswahl von bedeutsamen Informationen zu in der Karte eingezeichneten Punkten (Tablet/Laptop) • Recherche und Download/Speicherung von Geräuschen, die zu den in der Karte eingezeichneten Punkten passen (Tablet/Laptop) • Schreiben eines Textes, der den auditiven Schulweg begleiten soll (z. B. eine fiktive Geschichte, persönliche Erlebnisse und spannende Informationen zu den Wegpunkten) **Differenzierung:** Wenn den SuS das Schreiben des Textes schwerfällt, kann die L zur Inspiration ein ähnliches Hörspiel vorspielen und weitere Hilfestellungen anbieten (z. B. spannende Informationen zu Wegpunkten recherchieren). • Inhalte im Arbeitsblatt „Storyboard" zusammenfügen Im Anschluss daran beginnt die eigentliche Produktion der Hörspiele. Die entworfenen Texte/Dialoge werden durch die SuS eingesprochen und aufgenommen (z. B. mithilfe von Audacity; am besten unter Leitung der L), anschließend gespeichert. Danach werden die Texte mit den Geräuschen angereichert. Diese gilt es, thematisch passend zu platzieren, in der Länge anzupassen usw. Diese Aufgabe kann die L übernehmen oder sehr medienaffinen Kindern übertragen. Dann eventuell unter Verwendung einer einfacher gestalteten Software/App (z. B. Windows Movie Maker). Nach der Produktion erarbeitet jede Gruppe Fragen zu ihrem jeweiligen Hörspiel, die die anderen Mitschülerinnen und Mitschüler nach dem Hören in der Sicherungsphase beantworten sollen (z. B. als Quiz oder Antworten gemeinsam an der Tafel sammeln).

	Differenzierung: • Die Anzahl der in das Hörspiel aufzunehmenden Wegpunkte kann von der L variabel vorgegeben oder von den Gruppen selbstständig festgelegt werden. • Die Länge des Textes (am besten Sprechdauer in Minuten angeben) kann von der L variabel vorgegeben oder von den Gruppen selbstständig festgelegt werden (Vorschlag: eine bis drei Minuten). • Gegebenenfalls sollte mit den SuS überlegt werden, wie man Geräusche selbst produzieren kann (siehe z. B. das Geräusche-Alphabet auf ohrenspitzer.de unter Methoden/Medien machen/Hörspielproduktion/Downloads).
Sicherung	Die entstandenen Hörspiele werden in der Klasse präsentiert. Nach dem (mehrmaligen) Hören sollen die SuS die von den jeweiligen Gruppen ausgearbeiteten Fragen beantworten. So können wesentliche Fakten aus dem Lebensumfeld nochmals herausgestellt werden. **Differenzierung:** Die Kinder sammeln/notieren über die für die Beantwortung der Fragen nötigen Informationen hinaus alle weiteren Inhalte aus den Hörspielen, die sie sich beim Anhören merken konnten.

Achtung!

Abwandlung entsprechend Vorerfahrungen und Zeit
Je nach Vorerfahrungen und/oder zeitlichen Möglichkeiten kann bzw. sollte das Unterrichtsvorhaben angepasst werden. Zum Beispiel könnte die Recherche stärker angeleitet oder Geräusche und Hörspieltexte könnten bereits im Vorfeld herausgesucht oder vorgegeben werden. Dann wäre das Vorhaben auch in weniger Unterrichtsstunden umsetzbar. Sollte mehr Zeit bestehen, könnten beispielsweise Originalgeräusche im Rahmen eines Unterrichtsganges live aufgenommen werden.

Tipps für die Internetrecherche
Hier finden Sie u. a. Ideen, Materialien und Methoden für den Unterricht, Geräusche zum Herunterladen, Hinweise zur Nutzung von Audacity oder auch wie man Geräusche mit einfachen Mitteln selbst produzieren kann.

- das Projekt „Ohrenspitzer" der Stiftung MedienKompetenz Forum Südwest
- das Projekt „Auditorix" - ein Gemeinschaftsprojekt der Initiative Hören e. V. und der Landesanstalt für Medien NRW
- das Online-Archiv „hoerspielbox.de"
- das Hörportal „ohrka.de" des Vereins Ohrka e. V.
- die Online-Audiothek der gemeinnützigen GmbH „Audiyou"
- das Onlineportal der „Stiftung Zuhören" „stiftung-zuhoeren.de"

Name: Datum:

Arbeitsblatt

Storyboard

Wegpunkt/Szene	Sprecher (1, 2, 3 …)	Gesprochener Text	Passende Geräusche

12 Lasten heben, Lasten bewegen (Klasse 4)

(von Christian Hulsch/Isabelle Deyzac)

In Kürze
Die SuS erstellen einen Stop-Motion-Film zum Thema „Lasten heben, Lasten bewegen". Sie erarbeiten im Sinne des entdeckenden Lernens frei wählbare Problemsituationen zur Thematik. Apps erlauben es, die Vorgänge mit Requisiten nachzustellen (3D) und in Sequenzen aufzunehmen (2D).

Ziele/Kompetenzen	Die SuS simulieren ein szenisches Spiel (auf Basis von Papier, Knetmasse oder Styropor) und erstellen mithilfe der Stop-Motion-Anwendung eine Videosequenz zur Thematik „Lasten heben, Lasten bewegen". Sie ... • wählen sich eine technische Konstruktion aus und analysieren den technischen Sachverhalt. • entwickeln Fähigkeiten, konstruktive Lösungsmöglichkeiten für Transportprobleme abzuleiten und schematisch darzustellen. • diskutieren Lösungsansätze. • stellen nach Vorlagemustern eigenständig Kulissen her.
Handwerkliche Fertigkeiten	• feinmotorische Fähigkeiten (Umgang mit der Schere, sauberes Verkleben, genaues Falten) • Kreativität
Einordnung in den Unterricht	„Lasten heben, Lasten bewegen" eignet sich als Einstieg in die Thematik „Zweck und Funktionsweise von Einrichtungen zur Kraft- und Bewegungsübertragung" oder auch für den Themenkomplex „Technik gestern und heute".
Zeitbedarf	3 x 45 Min.
Medien	**Präsentation durch L:** • wahlweise Tafel oder IWB/Beamer für Einführungsvideo **Erarbeitung durch SuS:** • Tablet, Smartphone oder Computer mit Stop-Motion-App (z. B. iMotion für iOS, Windows Movie Maker)
Vorbereitung	• App auf den Tablets installieren • digitale Geräte und Software vor dem Unterricht auf Funktionalität testen • Bilder verschiedener Transportmöglichkeiten und Einsatzorte recherchieren • Beispielvideo vorbereiten
Material	• Knete, Papier, Styropor, Schere, Kleber • bewegliche Drahtpuppen • Musterbögen für Filmhintergrund (Pop-Up-Layout)
Sozialform	Partnerarbeit, Gruppenarbeit

Unterrichtsverlauf

Einstieg	Die L zeigt Abbildungen zu verschiedenen Transportmöglichkeiten (Schub- oder Sackkarre, Flaschenzug, Rolle, Hebel, Rad oder schiefe Ebene). Mithilfe dieser Konstruktionen wird im Unterrichtsgespräch der Zweck einer (begrenzten) Anzahl von hilfreichen Erfindungen zur Realisierung verschiedener Transportarbeiten an der Tafel gemeinsam erarbeitet. Daran anschließend zeigt die L Bildmaterial komplexer Situationen aus der Lebenswelt der SuS, wie z. B. Baustelle, Garten, Geschäft. Die SuS erkennen und benennen Konstruktionen zum Heben und Bewegen von Lasten. Sie beschreiben die Vorgänge.
Erarbeitung	Die SuS erarbeiten in Gruppen (min. 2 SuS) einen Stop-Motion-Film, in dem es um das Heben und Bewegen von Lasten gehen soll. Die L zeigt ein Beispielvideo, um erste Anregungen zur Umsetzung zu bieten. Für die Anfertigung der Hintergrundkulisse ist ein standfestes Pop-up-Layout vorgesehen. Die L gibt den SuS sowohl gezielte Arbeitsanweisungen als auch Hinweise zum Umgang mit der Stop-Motion-App. Dafür erteilt die L den SuS Arbeitsaufträge: 1. Findet euch zu zweit/in einer Gruppe zusammen. 2. Entscheidet euch für technische Hilfsmittel zum Transportieren von Lasten. Zur Auswahl stehen Seile, Rollen, Flaschenzug, Schlitten, Hebel, schiefe Ebene, Kisten, Rad, Kran ... (nicht zu viele!) 3. Wählt euch einen „Hintergrund“ aus den verschiedenen Musterbögen von Baustelle, Spielplatz oder Brunnen als Kulisse aus. 4. Plant eine Bilderabfolge: Wie werden eure Lasten bewegt? 5. Nehmt die einzelnen Sequenzen mit der App auf. Achtet dabei auf Stabilität und Position des Tablets! Zum Herstellen der Requisiten nutzen die SuS ihnen bekannte Materialien, wie Papierwerkstoffe, Knete und Styropor. Zum Einsatz kommen die Fertigungsverfahren Trennen (Schneiden) und Fügen (Kleben). Schrift kann in Form von Zeichenkartonschildern eingeblendet werden. **Differenzierung:** Folgende Szenarien können den SuS als Hilfe angeboten werden: • „Stellt euch vor, ihr seid im Supermarkt und wollt einen schweren Kasten mit Saftflaschen transportieren. Wie könnt ihr ihn ohne viel Kraft vom Regal zur Kasse bewegen?“ • „Stellt euch vor, ihr wollt aus einem Brunnen Wasser holen. Wie kommt ihr an das Wasser?“
Sicherung	Die SuS stellen ihren Stop-Motion-Film vor (über IWB oder Beamer) und beschreiben vor der Klasse, wie die Last gehoben wird. Zum Schluss geben die SuS ihre Einschätzung ab, welche Konstruktionen in der Praxis am besten funktionieren würden.

Achtung!

Erfahrungen mit dem eigenständigen Bedienen der Tablets
Verfügen die SuS nur über wenig Erfahrungen im eigenständigen Arbeiten am Tablet, können gelenkte Phasen helfen, in denen die einzelnen Schritte zuerst im Plenum besprochen und im Anschluss von den SuS umgesetzt werden.
Tipp: Im Internet finden sich Anleitungen zur Bedienung der jeweiligen App.

Position des Tablets
Während der Aufnahme sollte das Tablet immer in der gleichen Position bleiben! Die Kamera sollte im rechten Winkel zur Bühnengrundfläche stehen.

Sachunterricht

13 Wie ist ein Computer aufgebaut? (Klasse 4)

(von Denis Mußdorf)

In Kürze
Digitale Medien (PCs, Smartphones, Tablets, TV- und HiFi-Geräte) basieren meistens auf dem Grundprinzip eines Computers. Die überwiegende Zahl der SuS hat bereits Erfahrungen in der Bedienung solcher Geräte gesammelt. In dieser Unterrichtsidee entdecken die SuS nun den Aufbau eines Computers. Zudem erhalten sie Einblicke in wichtige Funktionen und vertiefen ihr Interesse.

Ziele/Kompetenzen	Die SuS recherchieren verschiedene Hardwarekomponenten eines Computers (Festplatte, Arbeitsspeicher, Grafikkarte, Prozessor ...) selbstständig im Internet, um diese dann aus einem funktionierenden Desktop-PC gezielt zu entfernen und anschließend wieder einzusetzen. Sie ... • erfahren durch eine Internetrecherche etwas über die Funktion, den Aufbau sowie das Aussehen und die Lokalisierung zentraler Bauteile eines Computers. • finden, entfernen und untersuchen bestimmte Bauteile. • setzen die Bauteile wieder ein. • führen einen Funktionstest durch und betreiben eine durch Internetrecherche unterstützte Fehleranalyse, sollte der Computer nun nicht mehr ordnungsgemäß funktionieren.
Einordnung in den Unterricht	Die Einheit findet im Rahmen der technischen Perspektive des Sachunterrichts statt: • Perspektivenbezogene Denk-, Arbeits- und Handlungsweisen: Technik und Arbeit erkunden und analysieren; Technik kommunizieren • Perspektivenbezogene Themenbereiche: Werkzeuge, Geräte und Maschinen; technische Erfindungen Vorhandene Kenntnisse der SuS über die Bedienung von digitalen Medien werden mit Grundlagenwissen über deren technischen Aufbau unterlegt. Im Anschluss an diese Einheit kann die Funktionsweise von Software besser vermittelt werden.
Zeitbedarf	3 x 45 Min.
Medien	**Präsentation durch L:** • Beamer/PowerPoint **Erarbeitung durch SuS:** • mehrere ältere, nicht mehr in Betrieb befindliche, aber funktionstüchtige Desktop-Computer (inkl. Monitor für Funktionstest) – ein Computer für zwei bis vier SuS ideal • Tablet, Smartphone, Computer mit Internetverbindung für Recherche
Vorbereitung	• ältere, nicht mehr in Betrieb befindliche Desktop-Computer beschaffen und auf Funktion testen (Hochfahren des Betriebssystems, Systemtestprogramm) • Arbeitsblätter (eventuell Fotos durch eigene ersetzen) • Präsentation erstellen
Material	Arbeitsblatt, alte Desktop-Computer, Schraubenzieher
Sozialform	Partner- oder Gruppenarbeit, Plenum

Unterrichtsverlauf

Einstieg	Die L aktiviert das bereits erworbene Wissen der SuS in Bezug auf digitale Medien, indem sie einen visuellen oder auditiven Input gibt. Hierzu eignen sich u. a.: • Bilder von einzelnen bekannten Geräten • Vortrag oder Film zur Entstehungsgeschichte der Computertechnik • aktuelle Nachrichten zum Thema „Computerhardware" Die L stellt den SuS die Aufgabe vor: „Zerlegt einen PC und baut ihn selbstständig wieder zusammen. Testet dann, ob er wieder funktioniert!" Sie teilt die Kinder in Gruppen (max. 3 SuS) ein und händigt die Arbeitsblätter aus.
Erarbeitung 1: Vokabular, Funktion	Die SuS haben Fotos auf ihren Arbeitsblättern, die verschiedene Hardwarekomponenten (Grafikkarte, Arbeitsspeicher usw.) eines Computers zeigen. Sie sollen per Internetrecherche herausfinden, wie sie heißen und was ihre Funktion ist. Die Schwierigkeit liegt vor allem darin, dass die SuS keine Wörter haben, nach denen sie ihre Suche ausrichten können. Sie müssen sich also grundsätzlich mit dem Aufbau eines Computers auseinandersetzen, um die gesuchten Bauteile zu finden.
Sicherung 1	Die L zeigt die Bauteile in ihrer Präsentation und bittet einzelne Kinder, Bezeichnung und Funktion zu nennen. Zusätzlich liefert sie Verwendungsbeispiele aus dem Alltag (z. B. Nutzung der Grafikkarte durch Spiele) und historische Informationen (z. B. Kapazitätsvergleiche: Festplatte früher und heute; Diskette vs. SD-Karte).
Erarbeitung 2: Zerlegung Computer	Die Gruppen öffnen nun je einen Desktop-Computer und entfernen vorsichtig die gesuchten Bauteile. Die L sollte nur bei größeren Problemen unterstützend eingreifen. **Differenzierung:** Schnell arbeitende Gruppen können zusätzliche Bauelemente des Computers identifizieren und deren Funktion recherchieren, z. B. das Motherboard oder die Schnittstellen (USB, VGS, HDMI usw.).
Sicherung 2	Die L lässt sich nach Beendigung der Aufgabe die entfernten Bauteile von jeder Gruppe individuell nennen und beschreiben.
Erarbeitung 3: Zusammenbau und Funktionstest	Die SuS bauen die entfernten Bauteile wieder in den Computer ein und versuchen, diesen im Anschluss zu starten. Gelingt das, haben sie die Aufgabe erfolgreich abgeschlossen und können anderen Gruppen Hilfestellung geben. Gelingt es nicht, müssen sie sich auf Fehlersuche begeben. Hierzu benutzen sie erneut die Internetrecherche. **Differenzierung:** 1. Für die Fehlersuche stellt die L den SuS Stichworte zur Verfügung, die bei der Google-Suche hilfreich sind. 2. Je nach zur Verfügung stehender Zeit kann auch Hilfestellung durch die L gewährt werden. Eine eigenständige Problemlösung oder die Hilfe von bereits fertigen SuS ist jedoch vorzuziehen.

Achtung!

- Die Gruppen sollten möglichst klein gehalten werden, damit jedes Kind auch praktisch arbeiten kann. Dafür sollte eine möglichst hohe Zahl an Computern zur Verfügung stehen.
- Die Computer können bei größeren Institutionen, wie z. B. Behörden, Bibliotheken, Hochschulen, größeren Firmen, aber auch an der eigenen Schule erfragt werden. Alle Desktop-Computer ab Mitte der 1990er-Jahre bis heute sollten dafür geeignet sein.
- Die Internetrecherche ist anspruchsvoll und die SuS sollten darin bereits Erfahrung haben. Ist dies nicht so, empfiehlt es sich, vorher eine entsprechende Einheit durchzuführen und den SuS passende Stichworte zur Verfügung zu stellen, die die Internetsuche eingrenzen.
- Die auf dem Arbeitsblatt eingesetzten Fotos kann die L zuvor auch durch eigene von den zur Verfügung stehenden Geräten ersetzen, um den Wiedererkennungswert gegebenenfalls noch zu erhöhen. Es sollten möglichst viele Erkennungsmerkmale der Bauteile auf den Fotos abgebildet sein, wie z. B. die Antenne bei einer WLAN-Karte, die Port-Anschlüsse und ein möglicher Lüfter bei einer Grafikkarte.

Name: Datum:

Arbeitsblatt

Wie ist ein Computer aufgebaut?

Unten seht ihr verschiedene Fotos von wichtigen Hardwarebauteilen eines Computers. Findet heraus, wie diese Bauteile heißen und welche Funktion sie haben. Tragt die Informationen in die entsprechenden Felder stichpunktartig ein.

Foto Hardwarebauteil	Name	Funktion
© stock.adobe.com/pinglabel		
© Shutterstock/Nikolai V Titov		
© stock.adobe.com/Sashkin		
© stock.adobe.com/Claudiu S.		
© stock.adobe.com/littlej78		
© stock.adobe.com/L.Klauser		

Sport

14 Freerunning (Klasse 4)

(von Meike Breuer)

In Kürze
Die SuS erschließen sich das Bewegungsfeld „Bewegen an und mit Geräten“ kreativ und innovativ. Sie werden in hohem Maße in die Gestaltung des Unterrichts mit einbezogen, indem sie ihre Bewegungen anhand von Internetvideos eigenständig auswählen und diese in die Sporthalle übertragen. Mithilfe von Tablets bringen die SuS ihre Bewegungsvorlage mit in die Halle, erstellen einen virtuellen Aufbau eines Hindernisparcours mit einem Hallenplaner und drehen am Ende selbstständig ein Video, in dem ihre Bewegungen festgehalten werden, das Grundlage der Leistungsbewertung ist.

Ziele/Kompetenzen	Die SuS erschließen sich das Bewegungsfeld Freerunning, durch die Auswahl von sogenannten Moves (kunstvolle und z. T. artistische Bewegungen), deren Übertragung in die Halle und der abschließenden Gestaltung eines eigenen Parcours. Sie ... • wählen auf der Grundlage der Einschätzung der eigenen motorischen Fähigkeiten mittels Internetvideos einen Move aus. • entwickeln mit dem vorhandenen Material in der Sporthalle einen Aufbau, an dem der Move geübt werden kann. • erarbeiten sich verschiedene Moves und üben diese. • entwerfen in Gruppen einen Parcours zur Abschlusspräsentation aus den vorhandenen Stationen. • skizzieren ihren Parcours mithilfe eines digitalen Hallenplaners. • stellen ein Video her, in dem sie ihren Parcours durchlaufen.
Themen des Sportunterrichts	1. Motorische Auseinandersetzung mit unbekannten Bewegungen, Erwerb weiterer motorischer Kompetenzen. 2. Entwicklung (sport-)methodischer Kompetenz durch die Gestaltung des Aufbaus in der Halle. 3. Erweiterung der Medienkompetenz durch den Umgang mit Tablets (Hallenplaner, Video). 4. Entwicklung verschiedener sozialer Kompetenzen durch Absprachen in der Gruppe, Einigung auf einen gemeinsamen Parcours, gemeinsames Üben (Kooperation, Rücksichtnahme usw.).
Einordnung in den Unterricht	Freerunning eignet sich zur Umsetzung im Bewegungsfeld „Bewegen an und mit Geräten“. Die Bewegungsart besitzt einen hohen Aufforderungscharakter und kann aufgrund der meist geringen Vorerfahrungen der SuS gemeinsam erarbeitet werden. Auf der Grundlage vorbereitender Übungen zur Körperspannung (z. B. Handstand), -beherrschung und -wahrnehmung (z. B. Lage des Körpers im Raum) werden die Kinder sehr stark in die Gestaltung des Unterrichts eingebunden.
Zeitbedarf	6 x 45 Min. (optimal: 3 x 90 Min.)

Medien	**Präsentation durch L:** • Vorstellung Hallenplaner (z. B. auf der Internetseite von „sportunterricht.de“) • Vorstellung des Videoprogramms (z. B. iMovie für iOS; integrierte Kamera-App auf den Geräten) • Tablet und Beamer **Erarbeitung durch SuS:** • Tablet (Internetvideo, Hallenplaner, Videoprogramm)
Vorbereitung	• Tablets vorbereiten (es gibt eine Vielzahl von Apps zur Filmbearbeitung, hier kann je nach Kenntnis ausgewählt werden) • Hallenplaner testen • Sicherheitsregeln vorbereiten (Erarbeitet werden diese dann mit den SuS gemeinsam!) • eventuell ausgewählte Videos der SuS vorab auf den Geräten speichern (wenn z. B. kein Internetzugang in der Halle vorhanden ist) • eventuell Material in der Halle auswählen bzw. ausschließen
Material	Geräte in der Halle
Sozialform	Partnerarbeit, Gruppenarbeit

Unterrichtsverlauf

Einstieg	Durch die Aufgabe, zu Hause einen Move aus dem Freerunning auszusuchen, ist bereits vor der Stunde eine hohe Motivation vorhanden. Die L fragt die ausgesuchten Moves ab, danach werden Paare gebildet, die jeweils denselben Move gewählt haben. Sicherheitsregeln zum folgenden Aufbau der Stationen werden besprochen. Hier bietet es sich an: 1. Bereits erarbeitete Sicherheitsregeln für den Sportunterricht, speziell das Bewegungsfeld und den gelernten Umgang mit Großgeräten im Plenum zu wiederholen (Ergebnisse auf Plakat festhalten). 2. Den digitalen Hallenplaner über den Beamer zu präsentieren, um beispielhaft Positionen von Matten usw. zu demonstrieren. 3. Spezielle Sicherheitsregeln für das Freerunning zu thematisieren (Matten zum Abrollen usw.).
Phase 1: Aufbau und Üben des eigenen Moves	Die L beauftragt die SuS, ihre Station mit den vorgegebenen Materialien aufzubauen. Die SuS sichten das vorhandene Material, sprechen sich ab und bauen die Stationen auf. SuS und L begutachten die Stationen anhand der Sicherheitskriterien und optimieren den Aufbau eventuell. Die SuS halten ihr Ergebnis mit dem Tablet und dem darauf installierten Hallenplaner fest. Die SuS schauen sich erneut ihren gewählten Move im Video auf dem Tablet an und beginnen, diesen zu üben. Dies geschieht selbstgesteuert. Die SuS sind aus vorherigen Unterrichtsreihen in der Lage, sich gegenseitig Rückmeldungen zu geben und Bewegungen zu korrigieren. Das Video auf dem Tablet dient dabei immer wieder als beispielhafte Vorlage. Die L unterstützt die SuS im Übungsprozess. Sie gibt Bewegungskorrekturen und Hinweise zur Hilfestellung der Partnerin/des Partners. Nach dem Einüben der eigenen Moves tauscht sich das Paar mit dem Team der benachbarten Station aus. Zentrale Bewegungs- und Sicherheitshinweise werden weitergegeben, die SuS schauen sich den Move des Partnerteams im Video an und üben ihn ein. So erarbeiten sie sich eine weitere Bewegungsmöglichkeit des Freerunnings.

Phase 2: Erarbeitung und Einübung eines Parcours	Durch die gesicherten Hallenpläne ist es zu Beginn der nächsten Phase problemlos und schnell möglich, den Aufbau der Stationen wiederherzustellen. Die L fordert die SuS auf, zusammen mit der Partnerin/dem Partner alle Stationen einmal auszuprobieren. Die passenden Videos zur Demonstration des durchzuführenden Moves werden an jeder Station bereitgestellt. So ist der Blick in die Videos auf den Tablets jederzeit möglich. Im Anschluss daran schließen sich jeweils zwei Paare zu einer Gruppe zusammen. Innerhalb der Gruppen werden alle Stationen noch einmal geübt. Aufbauend auf den gemachten Bewegungserfahrungen erstellt nun jede Gruppe einen Parcours aus fünf Stationen, der von ihr zu bewältigen ist. Zuvor hat innerhalb der Klasse eine Absprache stattgefunden, wer welche Stationen nutzt. Natürlich können Stationen auch von mehreren Gruppen besetzt werden. Die Gruppen erhalten nun ausreichend Gelegenheit, die Stationen zu üben. Dies geschieht erneut mit gegenseitiger Korrektur und der Unterstützung durch die L. Ziel ist es, am Ende dieser Phase eine Reihenfolge des Parcours festzulegen, der in der nächsten Phase erneut geübt und dessen Bewältigung zur Leistungsbewertung per Video festgehalten wird. Der abgegebene Aufbauplan kann ebenso zur Leistungsbewertung hinzugezogen werden. **Differenzierung:** 1. Die Moves können und sollen individuell gedeutet und verändert werden. 2. Die Lehrkraft sollte bei den Aufbauten darauf achten, dass z. B. durch unterschiedliche Höhen Differenzierungsmöglichkeiten entstehen. 3. Kriterium des Parcours sollte die Angemessenheit für alle Mitglieder der Gruppe sein. Motorisch starke SuS können zu größeren Höhen oder geringeren Unterstützungsflächen ermutigt werden, wobei die Bewältigung durch alle SuS der Gruppe gleichermaßen gewährleistet sein sollte.
Sicherung	Möglich ist eine Präsentation der Videos über den Beamer. Die Videos sollten im Sinne der „doppelten Verletzbarkeit“ im Sportunterricht jedoch nur nach Zustimmung der SuS gezeigt werden! **Differenzierung:** Bei Klassen, die sich durch eine hohe Sozialkompetenz auszeichnen, kann anstelle des Films eine Präsentation aller Moves in der Halle stattfinden, die dann gemeinsam mit Lehrkraft und SuS besprochen werden.

Achtung!

Anpassung der ausgewählten Moves an motorische Voraussetzungen
Aufgrund der hohen Attraktivität der Moves beim Freerunning sollte die Lehrkraft bei der Auswahl darauf achten, Differenzierungsmöglichkeiten anbieten zu können. Je nach motorischem Leistungsstand der Klasse sollten gegebenenfalls von vornherein Einschränkungen bei der Auswahl gemacht werden (z. B. generelles Verbot von Überschlägen).

Sport

15 Der gute Wurf (Klasse 3/4)

(von Lars Klewe)

In Kürze
Die SuS verbessern ihre theoretischen Kenntnisse über die Grundlagen des Wurfes und ihre Fertigkeiten im sozialen Miteinander. Verschiedene Wurfstationen motivieren, vielfältig zu üben und das Werfen zu erleben. Das Tablet ermöglicht den SuS, Bewegungen zu filmen, zu betrachten und in Zeitlupe abzuspielen. Dadurch bekommen die SuS die Möglichkeit, die Außenperspektive zur eigenen Durchführung einzunehmen, können sich in Kleingruppen gegenseitig korrigieren und verbessern somit ihre Kompetenzen hinsichtlich des Fachwissens, des sozialen Miteinanders und im Umgang mit digitalen Medien.

Ziele/Kompetenzen	Die SuS erarbeiten die Technikmerkmale des Schlagwurfes als Wiederholung und üben diesen in einem abwechslungsreichen Stationsbetrieb mit unterschiedlichen Aufgaben und Wurfgegenständen. Sie ... • verbessern die Wurffertigkeit und Wurftechnik des Schlagwurfes. • beobachten ihre eigene Ausführung und fördern ihre Bewegungs- und Körpererfahrung. • beobachten und analysieren die Ausführung der anderen SuS. • geben im sozialen Miteinander Korrekturhinweise.
Einordnung in den Unterricht	„Der gute Wurf" schließt sportartunspezifisch an Vorkenntnisse im Werfen an und baut auf vorherigen Wurferfahrungen der SuS aus der 1./2. Klasse auf. Ausblickend bietet sich eine spezifische Weiterführung beispielsweise in der Leichtathletik an.
Zeitbedarf	2 x 45 Min. (am besten als Doppelstunde)
Medien	**Präsentation durch L:** • Beamer/IWB und Laptop • Flipchart **Erarbeitung durch SuS:** • Tablets mit Schutzhülle und Kamera-App (iOS oder Android)
Vorbereitung	• Beispielvideo mit Wurf als Soll-Vorlage erstellen • Erwärmung und Abschlussspiel • Stationsplanung für Ablauf, Materialeinsatz und räumliche Verteilung (siehe Hinweise auf Kopiervorlage) • Methode zur Mannschafts-/Gruppeneinteilung • Fragen zur Anleitung der Reflexion
Material	• Bälle in diversen Größen und mit unterschiedlichem Gewicht • 4 Seile, 1 Basketball, 1 (leichter) Medizinball, 6 Gymnastikkeulen, 6 Pylonen, 8 Gymnastikreifen • Zeitungen, 6 Klammern • 1 Handballtor (oder ähnliche Trefferfläche), 2 Kästen, 1 Hocker • Laibchen
Sozialform	Plenum, Partnerarbeit/Kleingruppenarbeit an Stationen

Unterrichtsverlauf

Einstieg	Die L bietet den SuS eine „offene Sporthalle“ mit verschiedenen Bällen zur freien Bewegung an. Das Schießen der Bälle ist untersagt. Eine abgegrenzte Spielfläche verhindert, dass die SuS in der Nähe der Technik spielen. Im Anschluss spielen die SuS zur Erwärmung in Mannschaften (mit Laibchen markiert) 10er-Ball/Parteiball. Ziel des Spiels ist es, dass sich die SuS den Ball innerhalb der eigenen Mannschaft zehnmal zupassen (= ein Punkt). Fällt der Ball auf den Boden oder fängt ein Gegenspieler den Pass ab, gibt es einen Ballwechsel und die SuS der anderen Mannschaft versuchen, die zehn Pässe zu erreichen. **Differenzierung:** • andere Bälle oder indirekte Pässe • andere Siegpunktanzahl • alle SuS aus der Mannschaft müssen den Ball mindestens einmal gespielt haben
Erarbeitung 1: Technikleitbild und dazugehörige Begriffe	Die L führt mit einem Beispielvideo am Beamer/IWB in das Thema ein und bietet gleichzeitig das Technikleitbild. Die SuS tragen während des langsamen Abspielens des Beispielvideos, moderiert durch die L, die wesentlichen Technikmerkmale zusammen. Die L dokumentiert diese übersichtlich auf einer Flipchart.
Erarbeitung 2: Stationsbetrieb	Nach dem zügigen Aufbau der Stationen (siehe Kopiervorlage) und der Einteilung der Kleingruppen, folgt eine Einweisung in die Videoanalyse-App. Anschließend beginnen die SuS mit dem selbstständigen Üben an den Stationen. **Aufgabe:** Alle SuS aus einer Kleingruppe absolvieren jede Station entsprechend der Aufgabenstellung auf der Kopiervorlage. Die SuS filmen sich innerhalb der Kleingruppe gegenseitig. Sie analysieren ihre Bewegungen vergleichend mit den erarbeiteten Technikmerkmalen in der App. Die Zeitlupenfunktion oder Bild-für-Bild-Betrachtung ermöglicht den SuS eine gezielte Beobachtung der schnellen Bewegungsabläufe. Im Anschluss geben sich die SuS eine Rückmeldung und Korrekturhinweise für eine zweite Durchführung. An jeder Station stehen etwa zehn Minuten Übungszeit zur Verfügung. **Differenzierung:** • Entfernung zu den Zielen an den einzelnen Stationen • Art, Gewicht und Größe der Bälle • Wurfarm wechseln (siehe auch Kopiervorlage) Den Abschluss der arbeitsintensiven Phase bildet das Spiel Brettball in zwei Mannschaften (mit Laibchen). Hier können die SuS durch differenziertes Werfen das Erlernte im Spiel anwenden. Aufbauend auf Parteiball passen sich die SuS den Ball zu. Wer den Ball hat, darf nur noch drei Schritte laufen und muss dann abspielen. Durch die Pässe erzielen die SuS den Raumgewinn, um zum Abschluss an das Brett des gegenüberliegenden Basketballkorbs zu werfen. Wird der Abpraller von einem Kind der eigenen Mannschaft gefangen, erhält diese einen Punkt. **Differenzierung:** • Punkt für das Treffen des Bretts ohne anschließendes Fangen • anderer Ball • keine drei Schritte mit Ball • andere Siegpunktanzahl • alle SuS aus der Mannschaft müssen den Ball mindestens einmal gespielt haben

Sicherung	Die L bittet einzelne SuS, ihre Erkenntnisse zu häufigen Fehlerquellen, eingestellten Verbesserungen und den Wurfstationen vorzustellen und regt mit gezielten Fragen die Diskussion an. Die anderen SuS vergleichen die benannten Aspekte mit ihren eigenen Ideen. **Differenzierung:** Jede Kleingruppe fasst ihre Erkenntnisse in einem kurzen Videobeitrag zusammen oder stellt einzelne Sequenzen ihrer Aufnahmen kommentiert vor. Diese werden vor der Klasse abgespielt und diskutiert.

Achtung!

Erfahrungen mit dem eigenständigen Arbeiten der Videoanalyse
Eine kurze Einführung in die verwendete Kamera- oder Videoanalyse-App hilft, Fragen während der Durchführung zu minimieren. Die auf den Geräten bereits installierte Kamera-App ist zumeist ausreichend für die obigen Aufgaben, sodass nicht extra auf eine gesonderte Software zurückgegriffen werden muss. Hinweise zur Perspektivwahl und zum Standpunkt der/des Filmenden gegenüber dem ausführenden Kind verbessern die Analysemöglichkeiten.

Kopiervorlage

Technikmerkmale des Schlagwurfs (Grobform für Rechtshänder)

- Das linke Bein steht vorn.
- Der (rechte) Wurfarm wird mit dem Ball lang nach hinten geführt.
- Der (linke) Arm zeigt in Wurfrichtung nach vorn oben.
- Der Körper befindet sich vor Abwurf in Bogenspannung.
- Der Wurfarm wird kräftig am Ohr vorbei nach vorn oben geführt, der Ellenbogen ist dabei über Schulterhöhe. Gleichzeitig löst sich die Bogenspannung.
- Der Körper dreht sich nach vorn und das rechte Bein fängt den Schwung ab.
- Das rechte Bein steht jetzt vor dem linken Bein.
- Der Blick bleibt immer in Wurfrichtung auf das Ziel gerichtet.

Beschreibung der Stationen (je nach Material, Platz und Klassengröße variierbar)

1. **Wäscheleine**
   - An einem horizontal hängenden Seil sind mittels Klammern drei unterschiedlich große Zeitungsblätter befestigt.
   - Jedes Zeitungsblatt ist mit insgesamt drei Versuchen mindestens einmal zu treffen. Ein Gymnastikreifen (mit einem Ball) markiert die Abwurfzone.
   - *Differenzierung:* mit dem schwächeren Arm werfen.

2. **Kastenball**
   - Als Ziel liegt auf einem Kasten ein Basketball, der durch einen Treffer heruntergeworfen wird.
   - Drei Gymnastikreifen (mit je einem Schlagball) markieren drei unterschiedlich weit entfernte Abwurfzonen.
   - *Differenzierung:* ein (leichter/kleiner) Medizinball als Ziel.

3. **Kegeln**
   - Sechs Keulen stehen auf einem Hocker im Dreieck angeordnet. Die SuS werfen alle Keulen mit maximal drei Würfen um.
   - Im Gymnastikreifen als Abwurfzone liegen drei Bälle bereit.
   - *Differenzierung:* ein kleinerer Ball oder eine größere Distanz; Pylonen (mehr Standfläche) statt Keulen.

4. **Torweitwurf**
   - Die SuS werfen aus einer größeren Distanz in ein Handballtor.
   - An der Abwurfmarkierung (Gymnastikreifen) liegen drei Bälle (z. B. ein Tischtennisball, ein Tennisball und ein Kinderhandball) bereit.
   - Achtung! Wurfbahn so wählen, dass sich keine andere Station im Einzugsbereich befindet.
   - *Differenzierung:* einen Kasten als „Torwart" einsetzen.

5. **Reifenball**
   - Drei Gymnastikreifen werden in verschiedenen Höhen hängend angebunden.
   - In der Abwurfzone (Gymnastikreifen) liegen drei (verschiedene) Bälle bereit, mit denen jeweils ein Ziel getroffen werden soll.
   - *Differenzierung:* den Treffer mittels indirekten Wurfs erzielen.

Kunst

16 Farbdetektive: Im Garten mit Monet (Klasse 1–3)

(von Cornelia Herdler-Hennig)

In Kürze
Die SuS haben mithilfe von Tablets oder auch Smartphones die Möglichkeit, spielerisch im Kunstwerk entdeckte Farbabstufungen unkompliziert nachzuempfinden und weitere Farbmischverhältnisse zu erproben. Die aktive Auseinandersetzung mit der Vielzahl von Farbtönen veranschaulicht auf einfache Art und Weise die Komplexität des Zusammenspiels von Farben.

Ziele/Kompetenzen	Die SuS begeben sich im ausgewählten Bildwerk auf die Suche nach Farben und beschreiben so viele, wie sie entdecken können. Sie ... • nehmen unterschiedliche Farbtöne wahr und benennen diese. • ordnen Farben nach Gemeinsamkeiten und Unterschieden. • gruppieren Farbfamilien auf der Basis differenzierter Beobachtung. • lernen exemplarisch Künstler und Werk kennen. Die SuS mischen mithilfe der App die erkannten Farben aus dem Kunstwerk nach. Sie ... • erproben selbstständig das Aufhellen bzw. Abdunkeln. • experimentieren selbstständig mit Farbabstufungen. • sammeln Erfahrung zu den Mischverhältnissen ähnlicher Farben. Die SuS tauschen ihre Erkenntnisse aus und übertragen diese aus dem digitalen Erleben auf das praktische Anmischen von Farben mit Pinsel und Malkasten. Sie ... • setzen kennengelernte Mischverhältnisse unter Einbezug der erlebten Farbanteile um. • stellen fünf unterschiedliche Grün- und Blautöne her. • schulen ihre feinmotorischen Fertigkeiten und sinnliche Wahrnehmungsfähigkeit.
Fachterminologie	• Farbton, Farbfamilie • Aufhellen, Abdunkeln • Farbabstufung • Gegenstandsfarbe
Einordnung in den Unterricht	Vorhandene Kenntnisse der SuS zum Farbkreis werden aufgegriffen und vertieft. Der Entwurf bietet eine geeignete Verknüpfung zu Themen wie Wahrnehmung von Farbe in ihrer Ausdruckswirkung, Farbe als Träger von Stimmungen und Gefühlen, Farbauftrag oder, weiterführend, Raumwirkung durch Farbe ab Klasse 4.
Zeitbedarf	3 x 45 Min.
Medien	**Präsentation durch L:** • Laptop/PC und Beamer • Tablet und Beamer (z. B.: App Real Color Mixer für Android) **Erarbeitung durch SuS:** • Tablet/Smartphone (z. B.: App Real Color Mixer)

Vorbereitung	• digitales Bildmaterial bereithalten, wie z. B. Claude Monets „Der Seerosenteich" (1899) • sich mit der App vertraut machen • App auf den Geräten installieren • eventuell Farbpalette in der App mit den drei Grundfarben und Schwarz/Weiß festlegen
Material	• Materialien zum Arbeiten mit Farbe (Pinsel, Mischpalette, Unterlage usw.) • Malfarben: Grundfarben, Weiß, Schwarz • Arbeitsblatt für SuS je zweimal kopieren • Scheren und Lupe (optional)
Sozialform	Plenum, Partnerarbeit, Einzelarbeit

Unterrichtsverlauf

Einstieg	Die Abbildung der Malerei „Der Seerosenteich" von Monet wird mit dem Beamer für die ganze Klasse gut sichtbar dargestellt. Die L lädt ein, das Werk zu betrachten. Die SuS äußern erste Eindrücke. Es bietet sich an, mit einer Lupe Assoziationen zur Detektivtätigkeit zu wecken, den Forscherdrang der SuS zu aktivieren, neugierig zu machen (z. B. mit der Lupe vor dem Auge an das projizierte Bild gehen, suchend, Detektivpose o. Ä.). Die L macht auf den Lichteinfall in den Bäumen und Pflanzen aufmerksam, ebenso auf Spiegelungen im Wasser – sie gibt Impulse, im Bild auf die Suche zu gehen und Farben im Detail wahrzunehmen (zusammengesetzte Farbtupfer wie etwa im Impressionismus).
Erarbeitung 1: Farben digital erkunden	Nach einer kurzen Einführung zum Bild, lenkt die L die Aufmerksamkeit vom Bildthema auf die verwendeten Farben. Sie zeigt auf einzelne Bereiche des Bildes und die SuS benennen die unterschiedlichen Farbtöne der gleichen Farbfamilie. Die L demonstriert die Verwendung der App auf dem Tablet oder Smartphone: 1. Die App „Real Color Mixer" öffnen. 2. Farbpalette auswählen (es können auch mehrere angelegt und individuell benannt werden: durch Anklicken des Farbpaletten-Symbols bzw. durch das Stift-Symbol). 3. Farbpalette mit den Grundfarben, Schwarz und Weiß bestücken (über das Pipetten-Symbol bzw. längeres Gedrückthalten einer Farbe, Mülleimer-Symbol erscheint zum Löschen). Die SuS dürfen nun in Partnerarbeit mit ihren Tablets/Smartphones zu dem projizierten Bild gehen und mithilfe der App die einzelnen herausgefilterten Farbtöne nachempfinden und Mischtöne ausprobieren. **Aufgabe:** „Geht mit eurem gewählten Partner und dem Tablet/Smartphone zum projizierten Bild und nutzt die App, um erkannte Farbtöne zu mischen. Tippt dafür z. B. Blau und Gelb an. Die Mischfarbe zeigt einen Grünton. Ist dieser dunkler als im Originalbild, fügt ihr im ‚Farben mischen'-Bereich durch Drücken des Pluszeichens mehr Gelb oder Weiß hinzu, bis ihr den gewünschten Farbton erzeugt habt." Die SuS verbalisieren ihre gewonnenen Kenntnisse zum Mischen der Farben im Plenum. Wie viele Anteile Farbe wovon braucht es etwa, um das Grün leuchtender erscheinen zu lassen?

	Differenzierung: Die L weist in ausgewählten Bereichen des Bildes darauf hin, dass deutlich Malspuren erkennbar sind. Die SuS konzentrieren ihre Suche im Bild nun auf den Farbauftrag und beschreiben die entsprechenden Stellen mit: Klecks, Tupfen, Striche usw.
Erarbeitung 2: Farbenmischen erproben	Die Erfahrungen der SuS aus der Arbeit mit der App – zum Verhältnis der Farbanteile zueinander, um unterschiedliche Farbtöne einer Farbe zu erhalten – werden nun auf das stoffliche Mischen mit Pinsel und Malfarben übertragen. **Aufgabe:** „Mische nun in Einzelarbeit fünf unterschiedliche Grün- und Blautöne. Trage diese im Arbeitsblatt in den vorgezeichneten Feldern auf. Nutze ein Arbeitsblatt für die Grüntöne und das zweite für die Blautöne. Achte darauf, die Kästchen komplett mit Farbe zu füllen. Verzichte möglichst auf Wasser zum Mischen der Farbtöne, damit sich das Papier nicht zu stark wellt." **Differenzierung:** Darüber hinaus können weitere Abstufungen von Farben angemischt werden. Geeignet sind bekannte Farbtöne wie Rot und Gelb als Ausgangspunkte.
Sicherung	Die Ergebnisse der SuS werden großflächig nebeneinander ausgelegt und gemeinsam betrachtet. Im Unterrichtsgespräch wird sich darüber ausgetauscht, was gut gelungen ist oder was verbessert werden kann. Der Bezug zum Seerosenteich von Monet kann noch einmal hergestellt werden. **Differenzierung:** • Die von den SuS gemischten Grün- und Blautöne werden einzeln ausgeschnitten und dem Originalwerk von Monet zugeordnet (je nach Möglichkeit auf dem projizierten Bild angebracht). • Die L stellt Bezug zur eigenen Erfahrungswelt her: Einfall von Licht und Schatten und damit Veränderung der Ausgangsfarbe (Gegenstandsfarbe).

Achtung!

Erfahrungen im Umgang mit Tablet oder Smartphone
Die Vorerfahrungen der SuS im Umgang mit den Medien sind zu berücksichtigen.
Entsprechend können in gelenkten Phasen einzelne Schritte zunächst in der Gruppe besprochen und im Anschluss von den SuS selbst durchgeführt werden.
Im Vorfeld sollte geprüft werden, wer ein Smartphone besitzt und dieses im Unterricht nutzen darf. Insbesondere ist das Herunterladen der kostenlosen App mit den Eltern abzustimmen (eventuell Genehmigung über einen Elternbrief einholen).

Name: Datum:

Arbeitsblatt

Im Garten mit Monet

Du hast viele verschiedene Grün- und Blautöne am Seerosenteich entdeckt.
Mische nun selbst fünf verschiedene Grün- und Blautöne und male die Felder damit aus.
Achte darauf, die Kästchen komplett mit Farbe zu füllen. Male dabei möglichst nicht über den Rand hinaus.

Farbton 1

Farbton 2

Farbton 3

Farbton 4

Farbton 5

17 Künstlerische Fotobearbeitung von Schülerporträtfotos (Klasse 3/4)

(von Manuela Lißner)

In Kürze
Die SuS lernen anhand der App „Picsart“, einer App zur Fotobearbeitung, die Möglichkeit kennen, ohne Farbe künstlerisch tätig zu werden. Der neuartige Ansatz bietet Motivation und Raum für die Kreativität der SuS und der L, indem in kurzer Zeit verschiedenartige Bilder entstehen. Diese helfen, das Gespräch über Kunstwerke anzuregen, und die SuS erleben das Medium Tablet in Kombination mit bereits gelernten Fertigkeiten aus dem Kunstunterricht.

Ziele/Kompetenzen	Die SuS gewinnen einen Einblick in einfache Gestaltungselemente der Fotografie und lernen gleichzeitig die gestalterischen Möglichkeiten eines Bildbearbeitungsprogrammes kennen. Sie ... • vergleichen ein Kunstwerk (Künstlerporträt) mit einem virtuell bearbeiteten Foto. • unternehmen Versuche, geeignete Bild- und Fotoausschnitte zu finden und mit der Kamera festzuhalten. • experimentieren mittels der entstandenen Porträtfotos.
Fachterminologie/ künstlerische Mittel	• Expressionismus • Porträt(foto)
Einordnung in den Unterricht	• Flächiges Gestalten • Einblick gewinnen in einfache Gestaltungselemente der Fotografie: Suchen und Finden geeigneter Bildausschnitte, Vergleichen von Fotografien • Gestalterische Möglichkeiten eines einfachen Bildbearbeitungsprogrammes kennenlernen: spielerisches Experimentieren mit Farben und Formen, Bearbeiten von Figuren und Bildern unter experimentellen Aspekten
Zeitbedarf	2 x 45 Min. (Doppelstunde)
Medien	**Präsentation durch L:** • ein Künstlerporträt aus dem Expressionismus (z. B.: „Selbstbildnis“ (1944) oder „Bildnis einer Dame“ (1935) von Karl Schmidt-Rottluff; „Mädchen mit rotem Fächer“ (1910) von Max Pechstein; „Kinderköpfchen“ (1906) von Ernst Ludwig Kirchner; „Frühling im Herbst“ (1940) von Emil Nolde) • ein durch ein Fotobearbeitungsprogramm, wie z. B. Picsart (für Android und iOS), bearbeitetes Porträtfoto **Erarbeitung durch SuS:** • ein Tablet (mit integrierter Kamera-App) für zwei SuS in Partnerarbeit (App: Picsart) • Drucker zum Ausdrucken der selbsterstellten Porträts
Vorbereitung	• geeignete App auf den Tablets installieren • Künstlerporträt auswählen, Porträtfoto erstellen • Tablets und Drucker funktionsbereit halten
Material	Arbeitsblatt
Sozialform	Partnerarbeit, Plenum

Unterrichtsverlauf

Einstieg	Die L stellt den SuS zwei Bilder vor: ein expressionistisches Künstlerporträt und ein bereits durch Picsart bearbeitetes ähnliches Porträtfoto. Die L regt die Kunstbetrachtung an, indem sie die SuS bittet, die beiden Bildnisse zu vergleichen. Sie äußern Vermutungen zur Entstehung der Werke und erörtern mit der L die expressionistischen Farbwirkungen (Farben = Ausdruck für Stimmungen, Gefühle). Die L erklärt die Entstehung und verkündet das Ziel der Unterrichtseinheit: Erschaffen eines eigenen, ähnlichen „Kunstwerkes“ mithilfe der Bildbearbeitungs-App.
Explorationsphase 1	Die L erklärt den SuS die Handhabung des Tablets und dessen Kamerafunktion. Sie zeigt, wie die SuS beim Erstellen eines Porträtfotos die/den zu Fotografierende/-n am besten fokussieren.
Experimentierphase: „Fotografieren“	Die SuS üben in Partnerarbeit das gegenseitige Fotografieren und wählen das ihrer Meinung nach beste Foto aus. Im anschließenden Gesprächskreis erfolgt eine kurze Zusammenfassung, welche Punkte beim Fotografieren besonders wichtig sind. Bei Bedarf wird der Umgang mit der Kamera-App durch die L nochmals demonstriert.
Explorationsphase 2	Die L erklärt den SuS die Handhabung der App Picsart am Tablet. Unterstützend nutzen die SuS das Arbeitsblatt.
Experimentier- und Produktionsphase: „Bearbeiten“	Die SuS erkunden die App und ihre Funktionen und wenden sie in Partnerarbeit auf die digitale Gestaltung ihres eigenen Fotos an. Um die künstlerische Gestaltung in den Mittelpunkt zu rücken, wird die Nutzung der Funktion „Magie“ angeregt, da diese die Wirkung expressionistischer Bilder unterstützt. Das nach Meinung der SuS beste „Kunstwerk“ wird gespeichert, ausgedruckt und betitelt. **Differenzierung:** 1. Die Anzahl der Funktionen der App Picsart lässt eine Bearbeitung von weiteren Fotos zu. Es kann z. B. auch das Fotografieren von Gegenständen im Raum oder im Freien angeregt werden, die im Anschluss ebenso „künstlerisch“ bearbeitet werden können. 2. Die Schülerfotos s/w ausdrucken und mit Bunt- und Filzstiften übermalen: expressionistische Farbwirkungen.
Reflexionsphase: Ergebnissicherung	**Variante 1:** Die an der Tafel angebrachten, bearbeiteten Fotoausdrucke werden bestaunt und kommentiert. **Variante 2:** Freiwillig stellen mehrere SuS ihr „Kunstwerk“ der Klasse vor. **Variante 3:** Es erfolgt ein „Galeriegang“ durch die Klasse und die Einzelbetrachtung der entstandenen Bilder. Dabei wird rückwirkend über den Einsatz der Farben und ihre Wirkung reflektiert. Ebenso bietet sich der Vergleich mit expressionistischen Kunstwerken zum Abschluss an.

Name: Datum:

Arbeitsblatt

Anleitung

1.

Starte die App Picsart.

2.

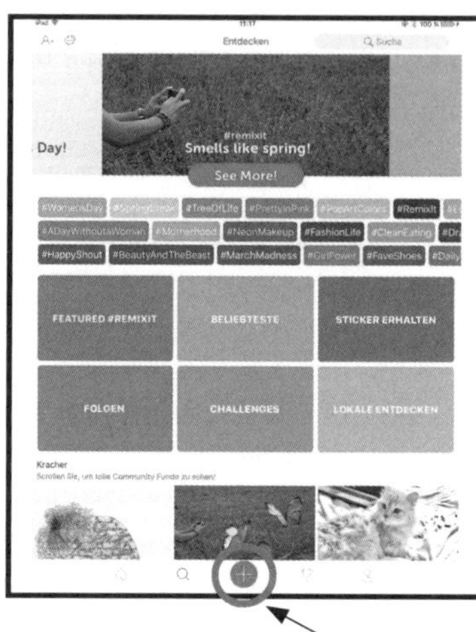

Hier klicken!

3.

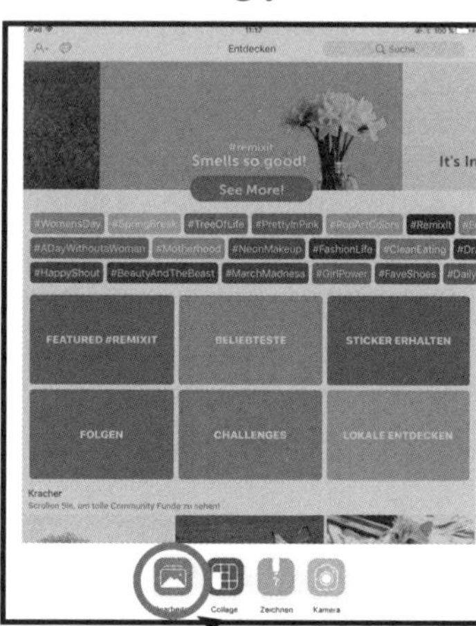

Hier klicken!

4.

Hier klicken!

5.

Hier klicken!

6.

2. Hier klicken!

1. Lieblingsmotiv anklicken!

7.

... und fertig ist
dein eigenes, digitales
Porträtfoto-Kunstwerk!

Drucke es aus!

Kunst

18 Kunstrezeption digital (Klasse 3/4)

(von Anett Bonitz)

In Kürze
Mithilfe von Apps wie Pixelmator kann die Kunstrezeption spannend und handlungsorientiert vermittelt werden. Die SuS können ihr Wissen über Kunst mit gestalterischer digitaler Kunst praktisch kombinieren. Die Arbeit mit dem Tablet erfordert einen vergleichsweise geringen Vorbereitungsaufwand und erzielt gute Lerneffekte. Die SuS gestalten digitale Werke von Bildern unter Fragestellungen zu Komposition, Farbgebung, Farbkreis, Komplementärfarben und Perspektive.

Ziele/Kompetenzen	Die SuS können z. B. mit der App Pixelmator ein Kunstwerk genau anschauen und erarbeiten eine eigene digitale Gestaltung zu diesem Werk. Sie lernen, ... • die Funktionen des Zeichenprogramms in Bezug auf Kunstrezeption anzuwenden. • ein Kunstwerk nach Farbe, Form oder Komposition zu beschreiben. • eine eigene Gestaltungsidee umzusetzen. • ihre Vorgehensweise auf einem Arbeitsblatt festzuhalten. • ihre Werke zu präsentieren.
Kunstwissen/ Fachterminologie	• Farbe, ein eigenständiges Medium • Grundfarben, Komplementärfarben, Farbkreis • Formen: Punkt, Linie, Fläche, geometrische Formen • Kulturtechnik: Betrachten und Beschreiben
Einordnung in den Unterricht	Problembezogene Kunstrezeption im Zusammenhang mit dem Lernbereich: • Klasse 1/2, Flächiges Gestalten: Einblick in gestalterische Möglichkeiten eines einfachen Zeichenprogramms • Klasse 3/4: Einblick in die Möglichkeiten eines einfachen Bildbearbeitungsprogramms • Klasse 5/6: Einblick in die Fotografie
Zeitbedarf	3 x 90 Min.
Medien	**Präsentation durch die L:** • PowerPoint (Aufgabenstellung und Bildmaterial) • Tablet/PC (z. B.: App Pixelmator für iOS) und Beamer • Digitale Tafel **Erarbeitung durch SuS:** • Tablet (z. B.: App Pixelmator) • Computer/Laptop/Tablet mit Kamera • Kamera • Drucker oder IWB
Vorbereitung	• Programme und Apps auf das jeweilige Medium herunterladen • sich mit der Navigation des jeweiligen Programms vertraut machen • das gleiche/die gleichen Kunstwerk(e) auf den Tablets speichern und ausdrucken • eine PowerPoint-Präsentation mit entsprechenden Aufträgen erstellen
Material	Arbeitsblatt, Bildmaterial
Sozialform	Einzelarbeit, Partnerarbeit, Plenum

Unterrichtsverlauf

Einstieg	Jedes Kind erhält ein Tablet. Die L aktiviert das bereits vorhandene Wissen über den Umgang und die Arbeitsweise mit Tablets. Voraussetzung sind erste Erfahrungen mit dem Computer, jedoch können auch Kinder ohne Vorkenntnisse sehr gut an das Thema herangeführt werden.
Erarbeitung 1: Einführung	Die SuS untersuchen die Programme auf dem Medium und benennen, welche sich zur Bildbearbeitung einsetzen lassen. Die L schreibt die genannten Programme an die Tafel. Unter Anleitung legen die SuS Ordner unter ihrem Namen an (1. „Eigene Dokumente", 2. „Eigene Fotos"). Die SuS halten auf dem Arbeitsblatt fest, was die Programme leisten. Anschließend erstellen sie eigene Bilder und verändern diese mit der App: a) „Fotografiere deinen Schuh, dich selbst oder ein Objekt aus deinem Federmäppchen." b) „Verändere deine Fotografie mit dem Pixelmator." c) Differenzierung: „Erstelle mit Pixelmator ein eigenes neues Kritzelbild und speichere es." Nachdem die SuS die Aufträge erledigt haben, erste Bilder gespeichert und die Funktionen ausprobiert haben, werden die wichtigsten Erkenntnisse auf dem Arbeitsblatt festgehalten. Nun sind die Vorarbeiten für die folgende Kunstrezeption abgeschlossen. Die SuS kennen die Programmfunktionen und können ein Bild speichern.
Erarbeitung 2: Kunstrezeption	Die L fordert die SuS auf, ein zuvor von der L eingestelltes Kunstwerk aus dem Ordner „Fotos" in das Programm Pixelmator zu importieren. Parallel erhalten sie das Kunstwerk als Kopie, um es auf dem Arbeitsblatt aufzukleben. Die SuS betrachten das Bild und beschreiben es. Die L sammelt die wesentlichen Merkmale des Werkes an der Tafel. Das Werk ist gleichzeitig je nach technischen Voraussetzungen auf IWB, als PowerPoint-Präsentation oder Reproduktion an der Tafel zu sehen. Die Erkenntnisse zum Kunstwerk werden auf dem Arbeitsblatt, Teil 2 von Bild zu Bild festgehalten.
Erarbeitung 3: Eigene Gestaltung	Mit einer vorbereiteten PowerPoint-Präsentation zeigt die L beispielhaft, wie eine Veränderung am Bild simuliert wird: • ein Sturm verändert die Kompositionslinien • ein Schatten verdunkelt das Bild • ein Zauber verändert Farbe, Form oder Richtung von Gegenständen (Kontraste, Spiegelung, Doppelung, Wegnehmen, Hinzufügen) Mit dem Programm Pixelmator gestalten die Kinder nun das besprochene Kunstwerk in den Varianten Sturm, Schatten und Zauber eigenständig. **Differenzierung:** • In heterogenen Klassen bietet sich Partnerarbeit an, in der Funktionen gemeinsam erarbeitet werden können: Kinder mit mehr Vorwissen unterstützen Kinder mit weniger Erfahrung im Umgang mit technisch-visuellen Medien. • Die SuS können bei Interesse eigenständig weitere Bilder unter einer neuen Aufgabenstellung bearbeiten.

Sicherung	Alle Werke werden in einer Diashow angeschaut. Dabei vergleichen die SuS die Werke vor und nach ihrer Bearbeitung. Die „Künstlerinnen und Künstler“ des jeweiligen Bildes äußern ihre Ideen hinter der Gestaltung. Jedes Kind kann sein Werk ausdrucken und auf dem Arbeitsblatt einfügen. Das Arbeitsblatt erfasst den Prozess der Erarbeitung des Mediums/der App, die Kunstrezeption und die Veränderung und eigene Gestaltung. Für die Präsentation ist ein offenes und wertschätzendes Klassenklima zu gestalten. Die L bespricht im Vorfeld die Regeln dieser Methode mit den SuS.
Vertiefung	Die SuS präsentieren und beschreiben ihre Werke in einer Ausstellung.

Name: Datum:

Arbeitsblatt

Kunst digital

1. Erste Schritte

Das Programm __________ kann ______________________________.

Das Programm __________ kann ______________________________.

Das Programm __________ kann ______________________________.

Das Programm __________ kann ______________________________.

Das Programm __________ kann ______________________________.

Das Programm __________ kann ______________________________.

2. Von Bild zu Bild

Klebe hier den Ausdruck deines Originalkunstwerkes ein:

Titel: Künstlerin/Künstler: Jahr:

Beschreibe die Gegenstände, die Farben, die Formen und die Wirkung des Kunstwerkes:

____

____

____

____

____

____

Name: Datum:

Klebe hier dein selbst gestaltetes Bild ein:

Was hast du verändert?

Welche Funktion der App hatte welchen Effekt?

Welche Geschichte möchtest du dazu erzählen?

Ethik

19 Eintauchen in die virtuelle Freundschaft: Digital kommunizieren (Klasse 3/4)

(von Minkyung Kim)

In Kürze
Die SuS erleben und reflektieren, wie sich die sozialen Beziehungen durch digitale Kommunikation und soziale Netzwerke verändern. Indem die SuS selbst ausprobieren, mittels PC oder Tablet mit Freunden digital zu kommunizieren, können sie besser über das eigene Verhalten in der virtuellen Welt sowie die Vor- und Nachteile der digitalen Kommunikation nachdenken. Anhand dieser Analyse können die SuS eigene Standpunkte dazu entwickeln, was eine gute Freundschaft ausmacht.

Ziele/Kompetenzen	Die SuS reflektieren, wie sich digitale Kommunikation von unmittelbarer zwischenmenschlicher Kommunikation unterscheidet. Weiterhin denken sie darüber nach, inwiefern es Unterschiede zwischen virtuellen und „realen“ Formen der Freundschaft gibt. Was gehört zu einer guten Freundschaft? Sie ... • beschreiben ihre Erfahrungen bei der digitalen und der „realen“ Kommunikation mit den anderen SuS. • reflektieren ihr Verhalten in sozialen Netzwerken. • beleuchten die Vor- und Nachteile der jeweiligen Kommunikationsform. • analysieren, wie das Internet soziale Beziehungen verändert. • denken darüber nach, ob es rein virtuelle Freundschaften geben kann. • begründen ihre Meinung über die (Un-)Möglichkeit einer rein virtuellen Freundschaft. • legen fest, was für sie zu einer guten Freundschaft gehört.
Einordnung in den Unterricht	Die Einheit „Eintauchen in die virtuelle Freundschaft“ eignet sich als Einstieg in die Thematik der Freundschaft im digitalen Zeitalter. Die freundschaftlichen Umgangsformen und Erfahrungen der SuS können aufgegriffen und vertieft werden. Im Anschluss können Kriterien zum richtigen Verhalten in der digitalen Welt thematisiert werden. Hierzu gehört z. B. auch ein Phänomen wie Cyber-Mobbing.
Zeitbedarf	4 x 45 Min.
Medien	**Präsentation durch L:** • PC und IWB (z. B. inhaltliche Einführung und Anweisung) **Erarbeitung durch SuS:** • Tablet oder PC
Vorbereitung	• Bilder als Symbole für digitale Kommunikation auswählen • Beispiel für Forum/Chatroom zur inhaltlichen Einführung und praktischen Einweisung auswählen • Forum erstellen (idealerweise im Schul-Intranet) und dabei beachten, dass die Beiträge aus Datenschutzgründen nicht öffentlich zugänglich sind **Alternativ:** Eventuell auf kostenfreie Forum-Software zurückgreifen, wie z. B. Xobor (für Android und iOS) oder Forumprofi (Web-App über Browser) • Software gegebenenfalls auf SuS-Geräten installieren • sich mit der Navigation des jeweiligen Programms vertraut machen
Material	Arbeitsblatt, DIN-A4- oder DIN-A5-Papier in zwei unterschiedlichen Farben, Poster
Sozialform	Partnerarbeit, Gruppenarbeit, Plenum

Unterrichtsverlauf

Einstieg	Die L zeigt verschiedene Bilder und Symbole von digitaler Kommunikation (z. B. Tablet, PC, Internet, E-Mail, @, soziale Netzwerke usw.) auf dem IWB und lässt die Kinder raten, was für ein Thema heute besprochen wird. Dabei wird der L klar, wie viele SuS mit dem Thema vertraut sind und was sie konkret im Internet tun. Die L fragt anschließend, wann und wozu diese Medien verwendet werden.
Erarbeitung 1: Vorstellung einer virtuellen Freundschaft	Die L fragt die SuS: „Könnt ihr euch vorstellen, im Internet mit einem Kind befreundet zu sein, ohne es jemals persönlich getroffen zu haben?" Die SuS äußern ihre Meinung spontan. Die L fordert die SuS auf, darüber nachzudenken, warum sie die rein virtuelle Freundschaft für möglich oder nicht möglich halten. Die SuS melden sich und argumentieren. Die L sammelt Pro und Kontra (z. B. Tafel, IWB, Tablet, Poster).
Erarbeitung 2: Erlebnis digitaler Kommunikation	Die L erläutert die Aufgabe: Die Kinder werden ausprobieren, kurz in eine virtuelle Freundschaft einzutauchen. Sie treffen sich mit SuS ihrer Klasse online und kommunizieren in der virtuellen Welt miteinander. Die L zeigt auf dem IWB, wie die Kinder mittels Tablet miteinander chatten können (entweder in einer kleinen Gruppe oder zu zweit). Die SuS sollen sich über fröhliche oder spannende Erlebnisse aus den letzten Sommerferien unterhalten. Sie haben dafür 15 Minuten Zeit. Idealerweise stehen zwei Räume zur Verfügung, damit die Kinder, die miteinander online kommunizieren, sich nicht sehen können. Die L fordert die SuS danach auf, sich mit denselben SuS zusammenzusetzen und das Gespräch ohne Tablets fortzusetzen. Dabei sollen die SuS den Unterschied zwischen der digitalen und der „realen" Kommunikation wahrnehmen. Im anschließenden Sitzkreis fragt die L die SuS: „Ihr habt euch in kurzer Zeit sowohl in der virtuellen Welt als auch in der realen Welt mit Freunden unterhalten. • Wie habt ihr das erfahren? • Habt ihr einen Unterschied gemerkt? • Gab es Vor- und Nachteile bei beiden Kommunikationsformen? • Habt ihr euch anders verhalten, als ihr gechattet habt?" Die Fragestellungen werden auf dem IWB gezeigt. Die SuS erhalten zwei Blätter Papier in unterschiedlichen Farben. Hier sollen sie ihre Erfahrungen entweder malen oder mit Wörtern beschreiben: auf einer Seite die digitale, auf der anderen die reale Kommunikation. **Differenzierung:** • Die SuS können die Fragen frei auswählen, die sie beantworten können oder wollen. • Die SuS können die Fragen eigenständig nach eigener Vorliebe gestalten, je nachdem ob sie eigene Erfahrungen schriftlich beschreiben oder bildlich darstellen wollen. • Die SuS können bei Interesse eigenständig weitere Aspekte einbeziehen, die die L in ihrer Frageliste noch nicht benannt hat.
Erarbeitung 3: Reflexion über gute Freundschaft	Die L fragt die SuS: „Was gehört zu einer guten Freundschaft?" Die SuS bilden zu viert eine Gruppe und erstellen gemeinsam ein Standbild. Die anderen SuS raten dann, was die Gruppe dargestellt hat. Die L fotografiert alle Standbilder und zeigt sie auf dem IWB.

Sicherung	Die L bittet einzelne SuS, alle Standbilder auf dem IWB zu betrachten und die Aspekte einer guten Freundschaft zu identifizieren. **Differenzierung:** Um die Sicherung der Ergebnisse offener zu gestalten und die SuS miteinander ins Gespräch zu bringen, können sich zunächst immer vier SuS gegenseitig ihre Antworten vorstellen und eine gemeinsame Gruppenlösung erarbeiten. Alle Gruppenlösungen werden dann in der Klasse vorgestellt und diskutiert.

Achtung!

Erfahrungen im Umgang mit Tablets/Smartphones/Computern
Der Ablauf der Stunden muss an die Vorerfahrungen der SuS mit der digitalen Kommunikation angepasst werden. Verfügen die SuS nur über wenig Erfahrung im Umgang mit Tablet oder PC, können gelenkte Phasen helfen, in denen die einzelnen Schritte zuerst im Plenum besprochen und im Anschluss von den SuS umgesetzt werden.

Name: Datum:

Arbeitsblatt

Virtuelle Freundschaft

1. Kannst du dir vorstellen, im Internet mit einem Kind befreundet zu sein, ohne es jemals persönlich getroffen zu haben? Denkst du, dass eine rein virtuelle Freundschaft möglich ist? Entscheide dich und denke dann über die Gründe für deine Antwort nach. Schreibe sie auf.

   ☐ Ja, eine rein virtuelle Freundschaft ist möglich, weil ______

   ______

   ______

   ______

   ☐ Nein, eine rein virtuelle Freundschaft ist nicht möglich, weil ______

   ______

   ______

   ______

2. Beim Chatten: Unterhaltet euch mit Freundinnen/Freunden 15 Minuten lang über die fröhlichen oder spannenden Erlebnisse aus euren letzten Sommerferien.

3. Welche Erfahrungen habt ihr beim Chatten gemacht? Haltet sie auf einer Seite des ausgeteilten Papiers fest. Beschreibt danach eure Erfahrungen mit der persönlichen Unterhaltung mit Freundinnen/Freunden auf der anderen Seite. Denkt dabei über den Unterschied zwischen den beiden Kommunikationsformen nach.

4. Standbilder erstellen: Bildet zu viert eine Gruppe und diskutiert gemeinsam, was zu einer guten Freundschaft gehört. Wenn ihr das Wichtigste ausgewählt habt, überlegt euch, wie ihr dies als Standbild darstellen wollt.

5. Beim Betrachten der fotografierten Standbilder: Schaut euch alle Standbilder an und findet Gemeinsamkeiten zwischen den Standbildern heraus. Schreibt diese auf.

Die Autorinnen und Autoren

Lisa Anders hat an der Technischen Universität Chemnitz Lehramt an Grundschulen studiert und unterrichtet seit 2019 als Grundschullehrerin in den Fächern Deutsch/Deutsch als Zweitsprache, Mathe, Sachunterricht und Englisch.

Dr. Anica Betz ist Wissenschaftliche Mitarbeiterin am Institut für Germanistik der Universität Osnabrück und im Bereich der Schulpraktikumsvorbereitung und -begleitung tätig. Die Lehre umfasst insbesondere sprachididaktische Themen wie Grammatik- und (Recht-)Schreibdidaktik. Zuvor hat sie an der Ruhr-Universität Bochum zur (außerschulischen) linguistischen Wissenschaftsvermittlung promoviert.

Anett Bonitz ist Kunstpädagogin und unterrichtet seit 2017 an beruflichen Schulen das Fach Kunst mit den Bereichen Malerei und Grafik, Grafikdesign, Architekturzeichnen und Kunstgeschichte. Ihre Schwerpunkte in Forschung und Lehre sind neben der Kunstpraxis Themen wie „Sprache der Farben als Medium bildnerischer Prozesse" und „Ästhetisches Verhalten im Kindes- und Jugendalter – Entwicklung der Kinderzeichnung".

Dr. Birgit Brandt ist Professorin für die Grundschuldidaktik Mathematik an der Technischen Universität Chemnitz. Sie lehrt und forscht zu Interaktionstheorien mathematischen Lernens, zu kooperativen und kollektiven Arbeitsformen im Mathematikunterricht sowie zur frühen mathematischen Bildung.

Dr. Meike Breuer ist Professorin der Fachdidaktik Sport und Bewegungserziehung an der Technischen Universität Chemnitz. Sie lehrt und forscht unter dem Aspekt der Heterogenität im und zum Einsatz von digitalen Medien im Sportunterricht, zur Gestaltung von Schülerarbeitsphasen und sportpädagogischen Resilienzforschung.

Dr. Leena Bröll ist Professorin der Grundschuldidaktik Sachunterricht an der Technischen Universität Chemnitz. Hier lehrt und forscht sie im Bereich des naturwissenschaftlich-technischen Lernens, Bildung für Nachhaltige Entwicklung (BNE), an Möglichkeiten des außerschulischen Lernens sowie zum Einsatz von digitalen Medien in der Grundschule.

Dr. Henriette Dausend ist Professorin für Fachdidaktik Englisch an der Technischen Universität Chemnitz. Sie forscht und lehrt zum digitalen und multilingualen Lernen im Englischunterricht.

Isabelle Deyzac studierte von 2014 bis 2018 Lehramt an Grundschulen an der Technischen Universität Chemnitz und arbeitete als studentische Hilfskraft an der Professur Wirtschaft-Technik-Haushalt und Soziales.
Aktuell ist sie an einer Grundschule als Klassenlehrerin sowie Fachlehrerin Werken tätig.

Cornelia Herdler-Hennig führt in ihrer Lehrtätigkeit im Fach Kunst einen Diskurs der ästhetischen Bildung. Diese basiert auf ihrem Studium der Bildenden Künste, ihrer Ausbildung zur Kunsttherapeutin sowie der mehrjährigen Tätigkeit in der Lehrerausbildung, angeregt durch die langjährige Praxiserfahrung im Unterrichten an verschiedenen Schularten – Grund-, Oberschule und Gymnasium.

Ronald Herzog ist seit 2014 verantwortlich für die Sprecherziehung in der Lehramtsausbildung der Technischen Universität Chemnitz. Er lehrt und forscht zur spielbasierten Entwicklung kommunikativer Kompetenz, Stimme und Didaktik sowie Sprechkunst. Darüber hinaus ist er als freiberuflicher Kommunikationstrainer, Moderator, Sänger und Regisseur tätig.

Christian Hulsch ist Wissenschaftlicher Mitarbeiter der Professur Wirtschaft, Technik, Haushalt und Soziales an der Technischen Universität Chemnitz. Er lehrt und forscht in der Technikdidaktik mit Blick auf den Einsatz digitaler Medien und Materialien im Grundschulwerkunterricht.

Dr. Minkyung Kim ist Professorin der Fachdidaktik Philosophieren mit Kindern an der Technischen Universität Chemnitz. Sie lehrt und forscht im Bereich der Didaktik der Ethik und Philosophie, zur Ethik der Digitalisierung sowie zur Theorie der Kindheit.

Lars Klewe ist Mitarbeiter an der Professur Fachdidaktik Sport und Bewegungserziehung der Technischen Universität Chemnitz. Er lehrt und forscht zu Themen des Schulsports, des Kinder- und Jugendsports sowie zum präventiven und therapeutischen Einsatz des Sports.

Marcel Krippner war Wissenschaftlicher Mitarbeiter in der Grundschuldidaktik Sachunterricht am Zentrum für Lehrerbildung der Technischen Universität Chemnitz. Seit 2019 ist er als Koordinator für Bürger:innenbeteiligung für die Stadt Chemnitz tätig.

Stefanie Kunze ist Wissenschaftliche Mitarbeiterin der Professur Fachdidaktik Deutsch an der Technischen Universität Chemnitz. Ihre Arbeits- und Forschungsschwerpunkte liegen im Bereich der Kinder- und Jugendliteratur und der Testentwicklung.

Manuela Lißner ist Grundschullehrerin für die Fächer Deutsch, Mathe, Sachunterricht und Kunst. Von 2020 bis 2022 war sie als Hauptausbildungsleiterin und ist seit 2023 als Fachausbildungsleiterin für Deutsch und Kunst in der Zweiten Ausbildungsphase tätig.

Denis Mußdorf ist Referent bei der Digitalagentur Sachsen. Zu seinen Aufgaben gehört die digitale Transformation in Sachsen, insbesondere die Unterstützung der lokalen Innovationsräume für Digitalisierung (LIfD).

Ronny Sitter war bis März 2023 mit dem Schwerpunkt digitale Medien in der Lehre und zur Unterstützung informeller Lernsettings in Forschung und Lehre wissenschaftlicher Mitarbeiter der Grundschuldidaktik Mathematik an der Technischen Universität Chemnitz.

Annegret Stöcker arbeitet als Lehrerin an einer Grundschule.